Harald Hurst

Des mir!

Harald Hurst

Laut Passeintrag 1945 in Buchen geboren. Wenig
beaufsichtigte, daher schöne Kindheit im proletarischen
Milieu der Karlsruher Altstadt, wo nach dem badischen
Grandseigneur Hubert Doerrschuck die „unheilige
Schwesternschaft der Gefälligen" ihr Gewerbe betrieb.
Mäßiger, dem Aufwand entsprechender
Volksschulabschluss. Als Pubertierender zur See gefahren,
von den Fernweh-Schnulzen eines Freddy Quinn inspiriert.
Ernüchterung.

Danach viele unqualifizierte Erwerbstätigkeiten, auch
vergebliche Weiterbildungsversuche. Zeitweise durchaus
angenehm den Überblick verloren. Schubartiger, später
Bildungsdrang.

1968 wundersames Abitur als so genannter Schulfremder
am Karlsruher Helmholtz-Gymnasium, dem er sich seither
verbunden fühlt.

Studium der Romanistik und Anglistik für das Lehramt
an Gymnasien. Referendarzeit. Zweites Staatsexamen.
1979 Trennung vom Arbeitgeber zur beiderseitigen
Erleichterung.

Erlebt seit 1980 das tägliche Wunder der freien
Schriftstellerei. Polizeilich gemeldet und wahlbeheimatet
im beschaulichen Ettlingen.

Preise und Auszeichnungen:

Einige Mundartpreise
Stipendiat der Kunststiftung Baden-Württemberg
Stipendium des Ministeriums für Kunst und Wissenschaft
Thaddäus-Troll-Preis

Harald Hurst

Des mir!
Geschichten und Gedichte

G. Braun Buchverlag

G.BRAUN BUCHVERLAG **ᗺᗺ**

Karlsruhe
www.gbraun-buchverlag.de

© 2009 DRW-Verlag Weinbrenner GmbH & Co. KG,
Leinfelden-Echterdingen

Umschlagfoto: Marina Lane, Ettlingen
Umschlaggestaltung: post-scriptum, www.post-scriptum.biz

ISBN 978-3-7650-8529-1

Inhalt

Ich hör halt zu

Über zuviel Arbeit
den Stress im Betrieb
bis zum Hörsturz
wachsende Überforderung
zunehmenden Termindruck
Burn-out-Syndrom
klage heut alle Leut
des würd immer schlimmer

ich hör halt zu
was soll ich dazu sage?

ich hab
zum Schaffe
immer weniger Zeit.

Hansguckindieluft

Nur net huddle
gucke mer mol
dann were mer seh
hör ich mich oft sage

ich tick langsam
Hetzerei kann ich net vertrage
ich will net mitpressiere
ich halt mich raus
sitz den Marathon aus
beim frühe Riesling
im Straßecafé

als Hansguckindieluft
beim Däumledreh
mitte im Betrieb

von mir aus mittags um drei
ich bin mein Chef
g'nug g'schafft für heut
ich geb mir frei
morge isch a noch'n Tag
nur net huddle

die Sonn wärmt mir s'Gnick
Lindeblüteduft
zieht durch die Fußgängerzone-Luft
ich hab weiße Sommerwolke
Schwalbe im Blick
ab und zu eine Frau
mit einer mordsmäßige Figur
gut dass ich sitz
so freu ich mich an der Natur

als Hansguckhalbweg
beim Däumlerückwärtsdreh

es wär jammerschad
jetzt schaffe zu geh
des kann doch net im Sinn
von unserm Herrgott sei
an so'me schöne Sommertag
seine Schöpfung zu ignoriere
des schlechte G'wisse
ihm gegenüber
müsst mer doch spüre
ob mer an ihn glaubt oder net

d'Leut gucke uff d'Uhr
wenn se mich sehe
als Hansguckindieluft
beim Däumledrehe
sie springe schneller
es fallt ihne ei
sie müsste laut Terminplan
schon viel weiter sei
ich net

nur net huddle
ich prost hinnerher
schwenk mein Wein im Glas
am End isch de Igel
schneller als de Has

ich bin zum Glück
gege Stress gefeit
notfalls wart ich
bis es zu spät isch
dann hab ich Zeit.

Trage helfe

In meiner Sproch
kann'sch d'Wörter
im Satz rumschüttle
wie im Würfelbecher

helf der Frau die Tasch **trage**!
trag der Frau die Tasch **helfe**!
trag helfe der Frau ihr Tasch!

es isch egal
wo des Wörtle steht
mir helfe halt
wo's geht.

Schmerzhafter Sprachkurs

Herrgott
grad mach ich s'Maul zu
schon isch's passiert!

ich sag noch:
pass uff
am Blechdeckel
von so Fischbüchse
schneid' mer sich
als gern!

als gern
bedeutet bei uns
oft leicht
net klar?

Beispiel:
unser Opa im Altershaim
versaut sich als **gern beim** Esse
aber mir sin ihm net bös
des macht er net gern
es passiert ihm halt **oft leicht**
kapiert?

meine Herrn!
alles blutverschmiert
aber halb so schlimm
viel Tomatesoß debei
Jod brennt e bissl
des muss aber sei
von Schnittwunde
kriegt mer **als gern**
Blutvergiftung.

Mit leere Händ

Herrgott! Ich hab doch g'sagt, schenkt mir bitte nix, was rumsteht!

Womöglich länger als ich selber! Seid so gut, schenkt mir nix, was ich bis jetzt net vermisst hab! Meine Schränk sin voll! Ich hab alles, was ich net brauch! Sogar doppelt! Dass ihr net mit leere Händ komme wollt, kann ich versteh, hab ich g'sagt. Bringt e gutes Fläschle Wein mit. Oder en Mirabelleschnaps aus'm Elsass, Schwarzwälder Speck, Pfälzer Dosewurscht. Über sowas freu ich mich immer. Des kommt weg. Machet von mir aus so eine Art Fresskörble. Wie früher. Nur ohne Pfund Kaffee und Piccolo. Sowas kauf ich mir inzwische selber. Außerdem bin ich noch net im Seniorenstift. Aber steckt mir kai Buch zwische die Fressalie! Nur dass es kultureller aussieht. Des muss net sei. Den Korb könnt ihr widder mitnemme, hab ich versproche. Ich mag nix rumstehe habe! Also hab ich mich denn net klar ausgedrückt?

Ein Käsemesser! Ergonomisches Design. Fingerdelle am Griff. Billig war des net! Doch, liegt gut in der Hand. Vier Löcher in der Kling. Wird schon en Grund habe, funktional. Verringert vermutlich den Widerstand beim Durchschneide von so'me überreife Münschterkäs. Den drückt's durch die Löcher seitlich raus. Dann geht's leichter. Obwohl – ich hab mit mei'm Welleschliff-Messerle zu drei Euro fuffzich bisher jeden Käs problemlos g'schnitte kriegt. Sogar Kupferdraht und Paketschnur säbelt des durch. Bleibt scharf. Halt deutscher Qualitätsstahl. Solingen rostfrei. Der schwarze Plastikgriff hat noch niemand g'stört. Hauptsach, de Käs schmeckt. Aber Moment! Neulich, des Esse bei mir. Hat net die Sonja beim Käsplättle ihrem Robert zug'flüschtert: „E Käsmesser hat er net. Des wär doch was." Herrgott, die lauere schon Woche vor'm Geburtstag, ob mir net doch was fehlt. Besonders die Fraue. Was mach ich jetzt mit dem Käsmesser von Mohrhaupts? Vanadium. Viel zu hart für Käs Aus einem Stück geschmiedet. Des könnt ich als Brecheise nemme. Wenn ich den Briefkaschteschlüssel mol widder verlore hab. Aber beim nächschte Besuch wolle die doch ihr Käsmesser bei mir sehe. Die gucke genau! Deshalb komme die! Dann hol ich des Ding g'schwind aus'm Werkzeugkaschte, weil ich's dort vergesse hab! Wie sieht denn des aus! Also, des kommt in die Küchetisch-Schublad. Ab heut hab ich endlich e Käsmesser! Des muss ich jetzt dringend brauche. Aber mei Welleschliff-Messerle schmeiß ich deshalb net fort! Mer kriegt halt immer mehr Kruscht z'amme!

Jesses, die elektrische Wok-Pfann! Die sperrige Blechschüssel! Sojasoß, Ess-Stäble, Glasnudle, Sambal Ölek drin. In Geschenkfolie verpackt. Zellophan oder sowas. Durchsichtig. Dass mer beim Auspacke net verschreckt. Den Schreck hab ich vorhin schon überspielt. So gut halt die G'sichtsmuskle mitspiele. Jetzt, wo alle fort sin, könnt ich so ganz entspannt verschrecke. Zu spät.

Im erschte Moment isch mir rausg'fahre: „Au, was isch'n des? – Ein Wok? Um Gottswille! Sogar transportabel! Mit Kabel!" Dann isch mir ei'gfalle, dass ich mich freue muss. „Ja sowas! Des hat mir grad noch ... des hat mir genau g'fehlt! Ja super! Danke! Aber ihr spinnt doch! En Haufe Geld ausgebe! Ich hab doch g'sagt ..." Sie habe zu viert abg'winkt. Sie hätte z'ammeg'legt. Zuerscht wollte sie mir ein Sushi-Service aus der Asia-Boutique hole. Des sei sogar billiger g'wese. Aber kürzlich bei dem Sushi-Abend bei

Bergmanns hätt ich mich abfällig geäußert. Aber wie! Des hätt net sei müsse, dass ich mich bei jedem Bisse schüttel. Des sin japanische Fürz, hätt ich g'schimpft. Roher Fisch sei was für Schiffbrüchige auf einer Insel. Dann hätt ich ausgiebig verzählt wie ich Zander in Riesling mach. Auf der Haut gebraten. Vor allem, gut durch müsst er sei. Aber zu so'me Feng Sushi bräuchte se mich nimme ei'lade. Sie hätte über die Verwechslung lache müsse. Nur die Bergmanns net. Die Jutta hätt sogar im Flur g'heult. Deshalb seie die übrigens heut net zu meinem Geburtstag komme. Ob ich mich denn an den Vorfall nimme erinnere könnt? Nimme wüsst, was ich g'sagt hätt?

Jetzt erinner ich mich dunkel, dass irgendwas war. Aber dass ich sowas g'sagt habe soll? Möglich wär's. Ich hab an dem Obend ziemlich viel gebechert, aber kaum was g'esse. Rotwein. Merlot aus so'me 5-Liter-Kartönle. Zum Selberrauslasse per Daumedruck am Gummihahne. G'fährliche Sach, weil mer net sieht, wie die Schachtel leichter wird. Solang des ordentlich rausläppert, lüpft mer die net. Aber ich hab gern die genaue Kontroll beim Trinke, Transparenz. Ich muss sehe, wieviel fehlt, dass ich waiß, was ich noch vertrag. Ab'me gewisse Quantum schwätz ich entweder garnimme, was net so schlimm wär. Oder ich neig dazu, brutal ehrlich zu sei, radikal wahrheitsliebend, verletzend direkt. Wie bei Bergmanns vielleicht. Bei Flaschewein wär mir des net passiert. Dann hätt ich mich diplomatischer ausgedrückt. Hätt g'sagt, des Sushi sei etwas gewöhnungsbedürftig. Des wär ehrlich genug g'wese.

Es gibt noch so ein Stadium, wenn ich mich übertrink. Ich pfeif Sätze ab der Hälfte nur noch zu End. Mit einer erklärenden Handbewegung. Soweit war ich bei Bergmann noch net. Der Karton war vorher leer. Jedenfalls sollt ich mich bei der Jutta entschuldige.

Ein Sushi-Service aus Porzellan wär mir jetzt lieber. Des

16

könnt mir irgendwann aus Versehe vom Tablett rutsche. Sowas passiert halt. Aber so eine Wok-Pfann mit'me halbe Meter Durchmesser! Mit einer kiloschweren Heizkonsole. Für Balkon, Terrasse und Garten.

Nur weil ich bei Röpkes beiläufig bemerkt hab: „Schmeckt wirklich prima für ohne Fett! Deshalb sieh'sch kaum dicke Chinese. Alles so drahtige Sparrefandl." Es isch net so, dass ich net gern chinesisch ess. Ab und zu. Bei Röpkes. Aber dann langt's widder für e Weile. Lieber Gott, es muss doch net jeder so ein Wok rumsteh habe!

Ich hab e winziges Balkönle. Für vier Leut maximal. Wenn ich des Gerät raustrag, müsse die alle kurz nei, bis es steht. Dann könne se vorsichtig widder raus. Dürfe net übers Kabel stolpere. Mit de Elleboge an de Rippe müsste die uff de Knie esse. Weil die Schüssel den ganze Campingtisch braucht. Arg g'mütlich!

Außerdem, die kenne mich doch lang genug! Die müsste wisse, dass ich's eher deftig mag! Ich bin net von der Light-Fraktion, generell net! Ich ess, trink, rauch, leb net light! Alles heavy! Solang ich des noch vertrag. Fett isch net g'sund, aber ein Geschmacksträger. Soll ich meine Bratkartoffel mit Leberkäs im Wok rumschiebe? Im Winter eine chinesische Schlachtplatt mit Sauerkraut ohne Schmalz? Mit dene Stäble Griebe aus de Griebewurscht picke? Aussortiere?

Ein Blutdruck-Messgerät! Digital. Fürs Handgelenk. „Es isch was Nützliches", hat sich die Traudl entschuldigt. „Vielleicht freu'sch dich garnet so drüber." Ich hab mich beim Auspacke wenigschtens net verstelle müsse. Ein neutral überraschter Gesichtsausdruck war in Ordnung. Sie hat net mehr erwartet.

Jetzt geht's aber los! Geburtstagsgeschenke vom Sanitätshaus! Angora-Unnerwäsch, Medima. Heizkisssen, Rheu-

mastulpe, rutschsichere Gummimatte mit Noppe für d'Bad-
wann, Nieregürtel, aber nimme zum Motorradfahre. Später
orthopädisches Schuhwerk, Krücke. Für einen Rollator
müsste se z'ammelege. Dann formschöne Bettpfanne mit
Deckel aus Edelstahl. Oder Schnabeltasse. Des Inkontinenz-
material zahlt d'Krankekass. Wunderbare Aussichte! Der
‚Storch & Beller' wird zur G'schenkboutique! Aber freue
muss ich mich net, oder?

Der Blutdruckmesser. In der Schachtel von der Firma.
Mit Gebrauchsanweisung. Originalverpackt. Aber net noch,
sondern widder. Die Perlon-Manschette bissl speckig, Rissle
am Rand. Leichte Gebrauchsspure. Die Traudl hat g'sehe,
dass ich des merk. Der sei noch von ihrem Helmuth, hat se
schnell g'sagt. „Aber kaum benutzt. Praktisch wie neu. Bei
mir liegt der nur im Schrank. Wär doch schad!"

Der Helmuth war als Lehrer grad im Ruhestand, auf den
er sich jahrelang innerlich vorbereitet hat. Ein engagierter
Schulmann, nur am End halt e bissl müd. Burnt out. Ohne
Schul isch er zunehmend aufgeblüht. Schöne Pension. Drei
Monat lang. Dann Herzinfarkt beim Wandere mitte im
Pfälzer Wald. Exitus im Vogelgezwitscher. Ein Jahr her.
Oder länger schon? Zwei Jahr? Könnt sei. Die Zeit vergeht
schnell, wenn mer überlebt. G'raucht hat er übrigens net.

Gut, so'n Blutdruckmesser isch was relativ Unpersön-
liches. Ohne ideellen Erinnerungswert. Trotzdem. Irgendwie g'schmacklos, sowas zu'me Geburtstag weiter zu verschenke. Mir gegenüber direkt pietätlos. So ein Witwenprä-
sent. Herrgott, ich will kaine Sache von Freunden, die
nimme lebe, von ihre Fraue g'schenkt kriege! Ich bin aber-
gläubisch! Bei medizinischem Gerät sowieso!

Des Fläschle Wein im Gückle isch noch von ihr. Gewürz-
traminer Spätlese, Jahrgang 1997. Vom Helmuth seinem
Pfälzer Stammwinzer. Vermutlich blind aus'm Kellerregal
gegriffe, Staub abg'wischt. Der isch doch garantiert umge-

kippt. Wahrscheint's noch vor'm Helmuth. Wegschütte! Du lieber Himmel! Noch'n Wanderführer von der Südpfalz drin! Mit Eselsohre, Kuli-verkritzelt. Stark zerwandert Tourenvorschläge, zu überwindende Höhenmeter, Marschdauer, Einkehrmöglichkeiten. Was soll ich mit dem Ding? Ich fahr oft in d'Pfalz. Ich geh dort gern spaziere. Aber für des bissl Umweg zwische Parkplatz und Wirtschaft brauch ich keinen Wanderführer. Ich hab mich noch nie in der Pfalz verlaufe!

Ich glaub beinah, die Traudl entrümpelt den Nachlass von ihrem Helmuth. Vielleicht ein neuer Mann im Spiel, den sie uns heut noch net vorstelle wollt, weil die Probezeit noch lauft? Sie war übertriebe beschwingt. So spätverliebt locker in de Hüfte. Ich gönn ihr des neue Glück. Nur bitte, des alte net bei mir entsorge. Ich bin keine Vergangenheits-Deponie!

Was noch? Eine Dekantierkaraffe soll des sei. Und ein Weinthermometer! Sieht edel aus in der Wurzelholz-Schatull auf blauem Samt. Aus Sterlingsilber. Ein typisches Friedhelm-Geschenk!

Horch, Friedhelm, mach du weiter deine Weinseminare, deine Kochkurse bei Sterne-Köch! Lass dir von dene prominente Brutzler bei Kochsendunge im Fernsehe die Rezepte schicke! Fahr zur Trüffelzeit ins Péricord! Pilger als spitzmündiger Edelfresser mit dem Guide Michelin durch das Burgund! Klapper von mir aus im Urlaub sämtliche Winzer in der Toscana ab. Weingut-Hopping im Chiantigebiet. Mit Olivenöl-Shopping. Eiskalt gepresst ganz extra vergine. Wenn's geht, die Olive noch von Jungfraue bei Vollmond handgepflückt! Des schmeckt mer! Gibt's nur in der Fattoria Sowieso! Mach du ruhig so überzwerches Zeug! Mir egal. Aber lass d'Kirch im Dorf, wenn du zum Esse bei mir bi'sch!

Rümpf net d'Nas, wenn ich mei Oliveöl dort kauf, wo ich grad bin, wenn es mir ausgeht! Des kann beim Aldi sei.

19

Zufall. Runzel net immer deine Sommelier-Stirn, wenn ich mit'm Rotwein hantier. Soweit ich mich erinner, hat sich bei mir noch niemand über eine fehlende Dekantierung beklagt. Außer dir natürlich!

Mensch, Friedhelm! Seit – lass mich überlege – seit vierzig Jahr trink ich jetzt Rotwein! Selte zu viel, aber nie zu wenig. Und immer ohne Zwischenlagerung in so'me Dekantierkaräffle! Von der Flasch ins Glas zum Endverbraucher. Stell dir vor, sogar ohne Weinthermometer! Immer frei Schnauze! Nach handgemessener Fühltemperatur an de Flasch. Alles Erfahrungssach. Learning by drinking. Nach dem Leergut, des jetzt rumsteht, war der Wein richtig temperiert. Ob der vorher ausreichend geatmet hat? Keine Ahnung. Nimme wichtig. Er isch fort!

Sei mir net bös, Friedhelm. Dei Karaff nemm ich jetzt als Blumevas. Nur provisorisch. In der Wohnung sieht's aus, wie in'me Blumelade am Muttertag. Es könnt halt sei, dass aus dem Provisorium eine Dauerlösung wird. Des geht schnell bei mir. Ich vergess sogar oft, was manche Sache ursprünglich ware. Seit Jahren stell ich meinen Wecker mit einer Krawatteklammer. Weil des Knöpfle am Gehäuse, made in Taiwan, im Schlitz abgebroche isch. Wozu bräucht ich sonscht eine Krawatteklammer? Es gibt viele Beispiele für dauerhafte Zweckentfremdung bei mir. So eine Dekantierkaraffe wird leicht zur Blumevas.

Jedenfalls, wenn du komm'sch, spül ich die Blumevas vorher gründlich aus. Ich hol des Weinthermometerle aus meiner Kramschublad. Dann wird dekantiert, rumg'läppert, stehe g'lasst, Temperatur g'messe! So lang, bis alles genau stimmt, dass mer endlich trinke könne!

Glaub mir, du bräucht'sch eine Frau, Fiedhelm! Aber keine Dame! Also von der Sort kenn'sch du genug. Ich main, eine richtige Frau! Was Bodenständiges! Die dir e bissl an deiner piccobello Garderobe rumfummelt, dich abdekoriert!

20

Weg mit dem Seidenschal, dem depperte Herrehandtäschle, dem altbackene Poussiertüchle Marke Kavalier der alten Schule! So eine Frau, die im Lokal schon sitzt, wenn du ihr grad galant den Stuhl unner de Po schiebe will'sch! Die bei dir ihr Parfüm durchschwitzt und dann sogar noch besser riecht! Des wär dir zu wünsche, du graumelierter Hagestolz-Dandy. Bevor du endgültig zum Minnesänger wir'sch. Zur Ausweitung deiner erogenen Zonen. Dass du vielleicht merk'sch, es gibt noch andere Genussorgane als des Gaumezäpfle! Oder isch's schon zu spät?

Herrgottsack! Jetzt hab ich alle Kuverts kontrolliert. Durchg'lese. Nur normale Grußkarte. Gott sei Dank! Ich war schon erleichtert. Im letschte Umschlag – doch widder ein Gutschein!

Als hätt ich net dringend gebete, keine Gutscheine bitte! Weder für Ballonfahrten, noch für Wellness-Wochenenden in irgendwelche Sporthotels. Womöglich noch mit Golf-Schnupperkurs. Dass die ai'fach net begreife wolle, dass ich mich terminlos dehaim sauwohl fühl! Des isch für mich Wellness pur! Alles mache könne, aber nix müsse. Notfalls nur rumhänge. In de Zeitung gucke, was los isch. Wo mer überall net sei muss, wenn mer net will.

So ein Gutschein isch nur e bedrucktes Kärtle. Der steht zwar net in de Wohnung rum, aber im Terminkalender! Dort schiebt mer ihn vor sich her. Bis mer ihn endlich einlöst, dass mer's rum hat.

Spendiere mir die Herzogs eine Ayurveda-Behandlung mit einstündiger Massage! An sich eine schöne Idee. Massiere lass ich mich gern. Ob ayurvedamäßig sanft, spirituell, oder mit Kraft auf AOK-Krankeschein. Am liebschte wär mir allerdings ein Hausbesuch nach telefonischer Vereinbarung. Kurzfristig, spontan.

Aber doch net in einem ‚Haus Regenbogen' bei Wangen

im Allgäu! Ich denk, ich les net richtig! Mit einem Glas Holundersaft zur Begrüßung. Einführung in die indische Gewürzküche. Eine Übernachtung. Auf Wunsch und je nach Belegung im Einzelzimmer. Schlafen im Heubett. Wunderbar! Ich mit meiner Gräserallergie! Reichhaltiges vegetarisches Frühstücksbuffet. So ein Widerspruch, in sich! Wie soll des geh? Ohne Rührei mit Speck? Oder wenigschtens Lyoner? Deshalb soll ich drei Stunde ins Auto hocke! Eher vier bei meiner Fahrweise.

Aber bitte, ich bin selber Schuld! Weil ich immer so interessiert guck, wenn mir d'Leut was verzähle. Wie die Herzogs von ihrer Allgäuer Ayurveda-Erfahrung. Oder der Volker vom Golfspiele. Der Rudi und seine Elvira vom Tauchurlaub. Ich hör mit große Auge zu, wenn mir der Bertram seine alljährliche Schweigefasten-Woche in einem Benediktiner-Kloster in Niederbayern ans Herz legt. Mit Fastenwanderung. Für mich eine undenkbare Wortverbindung. Grausam! Den Gutschein hätt ich schon garnet akzeptiert. Den hätt ich mir auszahle lasse, wenn möglich. Aber wahrscheinlich hätte die fromme Brüder des Geld nimme rausg'rückt. In dem Fall hätt halt der Bertram noch e zwaite Woch Kohldampf schiebe dürfe. Mit geistlichem Couching. Net billig sowas, hab ich g'hört. Das karge Ambiente, den fehlende Service zahl'sch mit.

Ich hör gern zu. Erschtens, weil ich dann selber net so viel schwätze muss. Zweitens, weil ich wisse will, warum ich keine Gutscheine brauche kann. Mir fehlt viel net!

Ayurveda im Allgäu. Haus Regenbogen. Nur Samstag auf Sonntag. Des geht. Den Zeitpunkt kann ich selber bestimme. Sollt ich bald mache. Dann hätt ich's hinner mir. Vielleicht schon am kommende Wocheend. Warum net?

Halt, des geht net! Ich bin beim Kurt zum Sechzigschte ei'glade. Riesige Party mit Zelt, Frontcooking und Oldie-

Band im Garte. Feuerwerk gege Mitternacht. Des sieht dem ähnlich. Der Kurt kleckert net, der klotzt. Die Schenkerei hat er schriftlich geklärt. Wo hab ich denn die Einladung? – Hier, fettgedruckt. ‚Keine Geschenke bitte! Am Leuchtpfosten bei unserem Koj-Teich haben wir einen Veuve Cliquot-Champagnerkühler für Geldspenden deponiert. Der Erlös geht zur Hälfte an Brot für die Welt. Die andere Hälfte an den hiesigen Hospiz-Verein Seerose‘.

Hut ab vor dem Kurt! Dass der sich so spät noch zum Wohltäter wandelt, hätt niemand erwartet. Recht hat er! Mit Sechzig kann mer sich nix Besseres schenke lasse, als des G'fühl, ein guter Mensch zu sei. Des hat mer oft noch net. Des wärmt, macht zufriede und steht nirgends rum. Ich mach des beim nächschte Geburtstag genauso. Und zwar schriftlich! Dass ich was in de Hand hab.

Übrigens eine schlaue Idee, den Sektkübel unner den Leuchtpfoschte zu stelle! Im Licht spende d'Leut großzügiger als in're dunkle Ecke. Sie krame net unbeobachtet in dem Spendetopf nach Rausgeld auf ihren Fünfzig-Euroschein rum, weil dreißig Euro aigentlich genug wäre. Also bitte, solche Leut gibt's! Sogar gut betuchte! Die verliere beim anonyme Spende im Halbdunkel jeden Leichtsinn. Im Extremfall schlendere die sogar an dem Spendengefäß langsam vorbei. Mache dort e bissl rum. Stecke beim Zurückkomme gut sichtbar ihre Brieftasche weg. Übertriebe? Bitte, alles schon erlebt! Im Spotlight vom Leuchtpfoschte geht des net. Dort wird publikumswirksam gespendet. Mer kann e bissl trickse, klar. Sechs gerollte Fünf-Euroscheine sehe wie e ordentliches Bündel Geld aus. Was drin liegt, bleibt jedenfalls drin. Für den Samstag beim Kurt halt ich mir des Spendegeld parat. Fünfer- und Zehnerscheine. Dann bin ich flexibel. Ich seh in dem Sektkübel, was mer so durchschnittlich gibt. Ich kann leicht drunner bleibe, mitziehe oder großartig erhöhe. Könnt passiere, wenn ich mich wohlfühl. Es isch zudem für en gute Zweck. Die Organisation Brot für die Welt gibt's seit fünfzig Jahr. Solang ich Baguettes und Croissants ess. Es langt scheint's immer noch net für alle. Und die Hospiz-Bewegung? Sehr förderungswürdig. Die hat Zukunft. Vielleicht wohnt mer selber mal in dem letschte Hotel, wo mer mit de Füß voraus auscheckt. Jetzt nur kaine trübe Gedanke!

Ich könnt wette, mit leere Händ kommt niemand zum Kurt. Trotz Spendenaktion. Beim Sechzigschte geht des net. Was könnt ich dem Kerl schenke? Schwierig. Ein Buch? Der lest doch nur den Wirtschaftsteil von der FAZ. Vielleicht eine CD? Ich hab den noch nie Musikhöre g'sehe. Unvorstellbar, dass der ein Lied summt.

Seine Maria hat ein Konzert-Abo mit Freundinne z'amme. Sie schleppt ihn manchmal mit, wenn eine absagt. Als Springer sozusage. Die Tickets sin ziemlich teuer. Aber jetzt lasst sie die Kart lieber verfalle. Seit er neulich ei'gschlofe und mit'me laute Schnarcher auf die falsche Seite weggekippt sei. An die Schulter von der Dirigentenwitwe Hofstetter, einer sehr vornehmen alten Dame. Ausgerechnet bei einem Konzert von der Anne Sophie Mutter! Ringsum Kopfschüttle. Die Frau Hofstetter hätt ihn mit ihrem Theatertäschle wachschlage müsse. Also sie hätt in den Parkettbode vom Brahms-Saal versinke könne, hat die Maria verzählt. Eine CD für den Kurt wär rausg'schmissenes Geld.

Lieber so e Delikatesse-Körble vom Elsass? Des könnt ich diese Woche besorge: Crémant, Gänseleber, solche Sache drin. Aber halt! Kürzlich war der Kurt beim Arzt. Erhöhte Cholesterinwerte, hat er mir am Telefon g'sagt. Er müsst Tablette nemme, seine Ernährung radikal umstelle. Fettarm. Zehn Kilo sollt er mindeschtens abspecke ...

Mensch, ich hab's! – Die elektrische Wok-Pfann! Des wär doch des ideale G'schenk für ihn! Direkt maßgeschneidert auf seine momentane Situation. Zudem fliegt er g'schäftlich

24

oft nach China, Peking. Passt doch wunderbar! Da merkt er, dass ich net lieblos irgendwas kauf. Nur dass ich was in de Hand hab. Sondern dass ich mir beim Schenke was gedacht hab! Des Gerät isch so schön verpackt. Des kann ich grad lasse. Kommt zur Zwischenlagerung bis zum Samstag in de Schrank. Nur des Kärtle von Röpkes und Sandholzers muss ich durch den Zellophanschlitz rausfische. Des mach ich jetzt glei. Net dass ich des vergess! Des wär natürlich ein schlimmer Faux Pas.

Ich waiß, des macht mer net. Geschenke weiter verschenke. Aber in diesem Fall, ausnahmsweis. Bei mir steht des Ding nur rum. Der Kurt und die Maria g'höre zu einem ganz annere Freundeskreis. Die Leut begegne sich nie. Ich hab einmal probiert, die z'ammezubringe. Niemehr! Die Chemie stimmt net. Vor allem, wenn's um Politik geht. Ich war als Moderator völlig überfordert. Die Leut kann mer nur getrennt ei'lade. Deshalb verschwindet die Wok-Pfann spurlos beim Kurt.

Des Goldkleberle vorsichtig von der Folie abzupfe. Nur dass ich des Kärtle raushole kann. ,Geschenkboutique Savoir Vivre'. Aha. – Moment! Dieses halbseitige Inserat im Amtsblättle! Wo hab ich des? Schon im Papierkorb. Hier steht's! ,Räumungsverkauf wegen Geschäftsaufgabe. Alles muss raus! 50% auf sämtliche Artikel! Wir danken unseren Kunden'.

So isch des? Gut, dass ich des waiß! Die kaufe mein Geburtstagsgeschenk in einem Bankrottlade. Zum halbe Preis. Und dann lege die noch z'amme! Vielen Dank! Des macht mir des Weiterverschenke moralisch leichter. Do muss ich kai schlechtes G'wisse habe. Des Savoir Vivre-Bäbberle kommt weg. Net dass die Maria die Annonce g'lese hat! Ich bin kein Schnäppchenjäger! Schon garnet, wenn ich was schenk!

Kurz nach Mitternacht. Sie hocke nimme so lang wie

früher. Weil se bei dem schöne Wetter vom Sonntag noch was habe wolle, sage die Fraue. Die Männer nicke halt.

Vom Sonntag noch was habe! Auch so eine Alterserscheinung. So früh wie möglich raus, aktiv sei, Natur genieße! Wandere mit klarem Kopf. Womöglich noch mit dene Walking-Stöck rumfuchtle. Oder Radfahre. Rudelweise mit'm Sturzhelm durch d'Gegend strample.

Früher wär doch vor vier Uhr morgens niemand haimg'ange, wenn überhaupt. Damals war der Sonntag ein bleischwerer Party-Ausklang. Ein völlig passiver Tag der Erholung mit Aspirin bei strenger Bettruhe. Eine Zeit zum Chillen, wie die Junge heut sage. Bis mer halbwegs fit war, war so ein Sonntag beinah vorbei. Aber gut, man war verschwenderischer mit seiner Zeit. Noch jede Menge Sonntage in Aussicht. Damals.

Jetzt noch'n Schluck Wein. Gut durchlüfte. Des G'schirr e bissl z'ammestelle. Käs in de Kühlschrank. Chili con Carne ins Klo kippe. Des lohnt sich nimme zum Ei'friere. Dann ins Bett. Die Sauerei mach ich morge weg. Jesses, des G'schenktischle! Wie ein Flohmarktstand! Wo ich ausdrücklich nichts wollt! Nur der Hubert hat sich dran g'halte. Kommt doch tatsächlich mit leere Händ! Aber viermol Chili con Carne schöpfe. Wein wie Wasser trinke. Des sieht dem ähnlich, dem Geizkrage!

Handsträußle

Ich hör schon des Gebimmel
von der Friedhofskapell
vierzehn Uhr dreißig
es geht pünktlich los
typisch Paul
immer akkurat
der Kerl war g'sund
bis zur letschte Sekund
Herzstillstand
kai Zeit zum Verschrecke

hab noch schnell
drei weiße Nelke gekauft
so e Handsträußle halt
für vier Euro fuffzich
mit Zittergras und Farn
bissl Schleierkraut

die Nelke, na ja
schon bräunlich am Rand
aber Blume aus der Friedhofsgärtnerei
müsse net so frisch sei
die brauch'sch net schräg a'schneide
des Düngergückle vom Papier reiße
sich an der Stecknadel stupfe
wie nach'm Schelle vor der Tür
mit zwanzig rote Rose für e Frau
Handsträußle sin Kurzzeitblume

nur dass mer was in de Hand hat
bis zum feierliche Fortschmeiße

Beerdigunge sin für Leut
die noch schaffe müsse
weil se noch lebe dürfe
immer zu're blöde Zeit
ich hab mir den Montagnachmittag
im G'schäft extra freig'nomme
falls mer was trinke geht
wie sich des g'hört
nach so'me Event
der Paul war immer
ein g'selliger Mensch

und irgendwann
hab ich mir g'sagt
isch's bei dir soweit
dann freu'sch dich a
wenn viel Leut komme
oder?

des könnt von mir aus
noch e paar Jährle geh
du steck'sch halt net drin
vorläufig jedenfalls
will ich niemand bei mir
mit so'me Handsträußle seh
solchen Besuch jag ich fort

Freunde
bringt mir Wein mit
aber lasst euch net lumpe
von de beschte Sort!

Die Balz isch vorbei oder Auerhahn-Gedicht

Der Zirkus früher
bis endlich was geht
wär mir heut zu blöd

als Auerhahn mit'm Schwanzfächer
sämtliche Federe g'stellt
nachts im Stadtrevier rumhopfe
sich d'Absätz schief laufe
mit Herz-bis-zum-Hals-Klopfe
im Lokal vom letschte Geld
vom Inder drei rote Rose kaufe
volles Programm

kaum brutzle könne
aber dehaim was koche
mit ihr esse im Kerzelicht
Blähunge unnerdrücke
nervöses Mundwinkelzucke
Muskelkater im G'sicht
vom verliebte Gucke
was G'scheites sage solle
aber es fallt dir nix ei
immer so mache
als däd'sch zwar gern
aber net unbedingt wolle
wenn's ihr net drum wär
müsst's net sei
dein Daume zittert über ihr Hand

beim Spaghettiteller
sie sollt weiter von sich verzähle
ihr Lebensg'schicht sei so int'ressant

plötzlich geht alles
schneller als gedacht
sie will nimme schwätze
sie zupft dir des Hemd raus
puschtet die Kerz aus
jetzt wird's ernscht
die bleibt wirklich über Nacht!

ein Vorspiel soll wichtig sei
viel Erfahrung ha'sch net
als junger Auerhahn
sollt mer was sage dabei?
oder besser nur schnaufe?
vielleicht sollt'sch sie froge
wie sie was gern wo hätt?
du knabber'sch am Ohr
sie zuckt von dir weg
es hätt gekitzelt
sie lacht
der Kerl in dem Film
hat's genauso g'macht
die Frau war net kitzlich
hat einwandfrei reagiert
Fraue live sin kompliziert

geht's bei dir überhaupt?
doch es geht – sogar gut!
jetzt will sie nimme
es sei ihr leicht schlecht
vielleicht von dem Esse
sie könnt außerdem den Markus
den Auerhahn vor dir
noch net ganz vergesse
du soll'sch bitte net bös sei
ihr sei nur nach Kuschle zumut

oder ganz dumm g'laufe
sie fangt grad a zu wolle
wo du uffhör'sch zu könne
game over – vorläufig vorbei
sie krault dich am Kopf
was soll se sonscht mache?
du guck'sch zur Decke
verlege und stumm
dei Zigarett verglüht
beim Warte
bis es widder geht
schlof'sch ei
der Wecker schellt
dein Arm isch leer
die Frau isch fort
des G'schirr steht rum

weiter geht's mit der Balzerei
volles Programm
bis endlich eine kommt
die immer öfter nimme geht
die dich wortlos versteht
des muss die Richtige sei!
die Frau zum Verliebe
mit Langzeitfolgen
du krieg'sch so eine Ahnung
Richtung lebenslänglich
mit Familienplanung
so schön normal
wie sich des g'hört
du reib'sch dir über d'Auge
e bissl verstört
wie die Zeit vergeht!
sie isch zwanzig Jahr gebliebe

so ein herg'laufener Auerhahn
auf freier Wildbahn trainiert
hat schöner gebalzt
es wundert dich net

Gott sei Dank
die Balzerei isch vorbei!
ich leg mich nimme krumm
ich hopf nachts nimme rum
ich mach's mir bequem
es isch so angenehm
nur sich selber zu sei
was eventuell noch passiert
mach ich locker vom Hocker
des nemm ich so mit
ich freu mich drüber

wie ein Freispiel-Zocker
der im Casino beim Gehe
wie aus Versehe
nochmol g'winnt

na ja, ich geb zu
es klingt leicht bitter
des Balzgefieder am Auerhahnschwanz
isch ziemlich verrupft
manche Schmuckfedere fehle ganz
der Schwanzfächer macht nimme viel her
er isch e bissl schütter.

Des mir!

Ich aggressiv?

pass uff
was'd sag'sch
du Rotzlöffel!

ich arrogant?

wenn ich des wär
däd ich mit Leut
wie mit Ihne
garnet schwätze!

ein Choleriker – ich?

ich bin die Ruh in Person
nur bitte – net provoziere wolle!
des geht in d'Hos
aber übergangslos!

ich kein Humor?
des mir!

wo Ihne s'Lache vergeht
geht's bei mir grad los
also Ihne
lach ich noch was vor
wenn's sei muss!

also dass ich
keine Kritik vertrag
lass ich mir
von niemand sage!

Freistunde

Ich bin meine Lehrer
heut noch dankbar
für des bissl
was ich g'lernt hab
in meiner lange Schulzeit
besonders in de Freistunde

morgens Fieberthermometer reibe
bis genau 38,5 Grad
Schüttelfroscht simuliere
zwecks Kenntnisnahme durch Eltern
Unnerschrifte originalgetreu kopiere
könnt ich heut noch akkurat
in Deutsch Schiffle versenke
int'ressiert gucke
an was ganz anneres denke
Mathearbeit – nie was kapiert
dafür d'Augäpfel trainiert
mein Nachbar war de Spandel Franz
seither kann ich prima schiele
mit Wasserbombe vom dritte Stock
punktgenau ziele
voll ins Mitschüler-G'nick
freier Fall – angewandte Physik
beim Sport de Fuß verstauche
lebensecht humple
sowas kann mer immer brauche
Religion gecancelt generell

Flipper spiele
Freistunde-Bierle trinke
in der verrauchte Kneip
bei der Bushaltestell

als Büble geht's schon los
mit dürre Stecke in de Lederhos
mei Schultüt war kaum leer
viel war sowieso net drin
schon des Tatzestöckle g'spürt
vom hirnverletzte Lehrer Neugebauer
aus Versehe entnazifiziert
im Klassebuch: Täuschungsversuch
hat mir mei Heft verrisse
wege'me Tintefleck am Rand
hab im Eck strammstehe müsse
Gesicht zur Wand
wege jedem Dreck
wer Angscht hat lernt nix
der wird nur schlauer

blöde Gedichtle runnerleiere
auswendig im Steh
um Gottswille net hängebleibe
sonscht brüllt er rum
zieht dich an de kurze Härle
des tut saumäßig weh
Merksprüchle und Eselsbrücke
'Feldspat Quarz und Glimmer
die drei vergess ich nimmer'
wichtig fürs Lebe

viel hab ich net g'lernt
für die lange Zeit
bissl rechne schreibe lese
paar brauchbare Tricks
immerhin
besser als nix
ohne Freistunde
wär's noch weniger g'wese.

De Wildsaukopf vom Lamm oder G'schichte wie Kraut un Rübe

Der Unfall sieht ihm ähnlich. Des sage alle. Weil er halt immer alles gleichzeitig mache will. Er haißt Sven. Aber alle sage nur Bifi. Weil er die abgepackte Salamistange von de Tankstell so gern esst. Die lasse sich stücklesweis zum Abbeiße aus de Packung hochdrücke. Inne glitschig, auße trocke. So kann er beim Fahre esse und telefoniere. Sogar notfalls noch rauche dabei. Ohne mit fettige Finger was zu verschmiere.

Kaum sitzt er irgendwo, hat er des Handy am Ohr. „Hi, Buck! Was geht? Wo häng'sch rum? Party wo? Wer alles? Geil! Wann? Halbe Stund. Passt scho. Man sieht sich."

Er denkt, es sei überall mehr los als dort, wo er grad isch. Er will immer bei de annere sei. Aber die annere sin immer wo annerscht. Deshalb hat er nirgends Ruh. Irgendwie geht der schon beim Komme. In einem Funkloch kriegt der Panik. Zwecklos, ihn in dem Städtle zu suche. In jeder Kneip die gleiche Auskunft. Er sei grad g'ange, wollte aber später nochmol vorbeigucke. Des Warte kann mer sich spare. Auch wenn mer mit ihm dort verabredet war. Es isch net so, dass der Bifi unzuverlässig wär. Es kommt ihm nur laufend was dezwische, weil er alle Nas lang was Neues erfahrt. Per Anruf oder SMS. Obwohl er sich überall nur kurz blicke lasst, kriegt er immer mehr Verspätung. Im Lauf der Nacht verschiebt sich sein Zeitplan. Bis er vergesst, was er zuerscht verschobe hat. Der Kerl schießt durch d'Gegend wie eine Flipperkugel. Bei jedem Stromschlägle von dem Handy spritzt er seitlich weg. Kurswechsel. Short Message beim Longdrink, könnt mer sage. Verabredunge mit dem Bifi klappe oft erscht Stunde später durch Zufall. Oder weil er Hunger hat.

Zum Beispiel neulich. Paar Woche her. Ich hab ihn zum Obendesse eing'lade. Pünktlich um acht ruft er an, dass es später wird. Musik im Hinnergrund. Gege neun ein zweiter Anruf. Salsa-Rhythmus. Er brüllt: „Hi Vadder! Sorry! Beach-Party in der Luitpoldstraß! Grad eine saugute Stimmung! Hab mich brutal verliebt, ey! Ich komm in jedem Fall noch vorbei! Aber fang ruhig schon mol a esse!" Verbindung weg. Lang nach Mitternacht hör ich im Bett die Mikrowell klingle. Am nächschte Morge war der Sauerbrate mit Knödel weg. Teller und Besteck liege in der Spüle. Klebzettel an der Kühlschranktür. ,Danke. War superlecker. Bis dann, Sven'. Drunner in Klammer ,Ketschup leer!'.

In der elfte Klass hat er des Gymnasium g'schmisse. Totalverweigerung. Die Lehrer ware ratlos. Er sei ein intelligenter Schüler. Im Sozialverhalten erfreulich. Sogar richtig charmant könnt er sei, hat seine Deutschlehrerin g'sagt. Aber mit Aufsätz sei er halt nach zehn Minute fertig. Maximal fünfzehn Zeile. Ganz witzig, originell. Nur Thema verfehlt. Mit Absicht, garantiert! Der Lehrkörper war sich einig: Es gibt im Lehrplan für Gymnasien des Landes Baden-Württemberg für unseren Sven kein Fach. Er sei wohl eher praktisch veranlagt. Handwerk hätt übrigens immer noch goldenen Boden. Also gut.

Er hat eine Lehre als Mechatroniker a'gfange. Bei einer Mercedes-Vertragswerkstatt. Des war's für ihn! Mit Feuereifer war er dabei. Hochmotiviert, fleißig, pünktlich, zuverlässig. Wie ein umgedrehter Sack. Ich glaub, er wollt ai'fach wie normale erwachsene Leut lebe. Schaffe, Geld verdiene, Feierobend habe. Oder halt schaffe, dass er Geld für de Feierobend hat. Egal.

Jedenfalls. Gesellenprüfung mit Auszeichnung. Ich war

stolz. Und danach geht mir der Kerl zum Bund. Verweigert den Ersatzdienscht. Über Monate war unser Verhältnis getrübt. Statt was Sinnvolles zu mache, alte Mensche zu füttere, robbt er als Gebüsch getarnt durch Schlammpfütze im Schwarzwald. Spielt Krieg. Hopft aus'm Flieger bei de Fallschirmjäger in Nagold. Denkt noch, das sei was Besonderes. Auf Wocheendurlaub schlurft er in Uniform vierschrötig vom Stadtbahnhof durch die Fußgängerzone. Als Vaterlands-Rambo. In klobige Schnürstiefel, in so einem kackbraun g'sprenkelte Drillich, mit so'me lächerliche, rotweinfarbige Baskemützle uff'm Stupfelkopf. Entfremdung zwische Vater und Sohn. Grundsatzdiskussionen, bösartiger Streit. „Vor jedem mickrige Zivi in einem Behindertenwohnheim steh ich stramm, wenn ich so an dich denk!", hab ich mol gebrüllt. Er schreit zurück: „Arschloch! Du bi'sch so ein ... Entschuldigung, Vadder!" Er rennt aus der Wohnung. Er schlagt die Tür hinner sich zu. Mir bleibt d'Luft weg. Arschloch zu mir! Zum Vater! Des hätt mer sich früher net getraut. Gut, er war halt außer sich. Trotzdem, soweit darf man sich als Sohn net provoziere lasse! Zum zweite Mann von meiner Mutter hab ich a mol Arschloch g'sagt, fallt mir ei. Aber ich war in der Pubertät. Und des war nur der Stiefvadder. Des war net so schlimm.

Wochelang hat sich der Sven nimme blicke lasse. Funkstille. Bis zu unserer Versöhnung im ‚Goldene Lamm', wo er mich g'sucht hat. Damals war ich oft dort, wenn ich net dehaim war. An'me Tisch im Nebenzimmer hat er sich entschuldigt für den Ausdruck neulich. Ich hab ihn an mich gedrückt. Ach, er hätt doch Recht g'habt. Ich sei doch wirklich ein altes Achtesechziger Arschloch Kompromiss: In Zukunft komm ich ihm nimme mit meine alte G'schichte. Wie ich de Kriegsdienscht verweigert hab. Mit Anhörung und so. Oder wie sein Patenonkel Dieter während des Vietnamkriegs seinen Wehrpass von der Marine im Vorgärtle verbrennt hat. Symbolisch, als nachträglicher Verweigerer. Kein Wort mehr von dene olle Kamelle! Dafür hat er mir versproche, mich nur noch in Zivil zu besuche. Des Thema Bundeswehr künftig zu vermeide. Beim Haimweg habe mer uns gegeseitig helfe müsse. Verschnaufpaus an einer Latern. Beinah wäre mer widder ins alte Fahrwasser komme. „Mein richtiger Vadder, was jetzt dein leiblicher Opa väterlicherseits wäre, isch in Russland g'falle. Im Klartext – verreckt!", hab ich beinah g'schrie. Er hat g'nickt. „Ich waiß. Scheiße." Vor der Haustür hat er g'sagt: „Du, Vadder, ich mach übrigens grad beim Bund de LKW-Führerschein." Ich hab am Schlüsselloch rumg'stochert. „Gut so. Jawoll! Alles mitnehme! Den kann mer immer brauche." Er hat auf meinem Auszieh-Sofa im Wohnzimmer übernachtet. In Uniform hab ich ihn nie mehr g'seh.

Nach'm Wehrdienscht hat ihn sein Ausbildungsbetrieb, der ‚Mercedes Mohrhaupt', als G'sell übernomme. Mit Handkuss. Er isch dehaim ausgezoge. Also bei seiner Mutter. Ich war schon lang fort. Es war ein Drama für die Frau. Er hat ihr versreche müsse, dass er öfter zum Esse kommt, seine Sache zum Wäsche mitbringt. Oder wenigschtens die Bügelwäsch. Dass er ordentlich rumlauft, bis er irgendwann ... also was Feschtes hätt. Eine Frau, die des macht. Des sei aber garnet so leicht. Die junge Dinger heutzutag wollte doch nimme bügle. Die könnte des garnimme.

Ein Witz beim Bifi seiner Garderob. Bügle braucht mer die Sache net. Er hat nur so lumpige T-Shirts. Die hänge sich beim Trage aus. Seine Jeans sehe schon neu im Lade wie jahrelang getrage aus. Des soll anscheinend so sei. Second Hand Look. Maschinell vorg'waschenes Zeug, bis zum Fadelauf absichtlich durchg'wetzt. Oft sogar mit'me fabrikneue Schlenzer am Knie, wo die weiße Fäde runnerhänge. Mit solche Hose, von dene der Bifi grad des Preisschild abtrennt, hätt mer zu meiner Zeit s'Moped geputzt. Oder den Ölstab vom Käfer abg'wischt. Oder mer hätt se sofort in den Lumpesack von der Caritas g'stopft. Mit'me schlechte G'wisse dene arme Teufel gegenüber, die sowas noch trage solle. Dabei sin die Sache net billig. Ich waiß net, warum die junge Leut für'n Haufe Geld so sozialschwach aussehe wolle.

Eine Waschmaschin braucht der Bifi net. Er wäscht seine Sache in einem Spezialverfahren. Mit seinem ,Hair & Body Wash and Go Shower Gel'. In einem Arbeitsgang, zeit- und energiesparend. Er schmeißt die Dreckwäsch in die Duschwann, tropft was von dem Zeug drüber und trampelt beim Dusche uff dem Klamottehaufe rum.

Manchmol, wenn er sonntagmittags zum Esse kommt, bringt er seiner Mutter so e Gückle Trampelwäsch mit. Zum Bügle. Pro Forma, nur dass er net mit leere Händ kommt. Die Ingrid freut sich. Des isch ihr lieber als Blume. Sie reißt ihm des Gückle aus der Hand, guckt nei, „Ha'sch net mehr?" Beim Esse schwätzt der Bifi viel, aber net mit ihr. Ständig dudelt das ,Badener Lied', sein Handy-Klingelton. Wenn sie ärgerlich über de Tisch zischt: „Kann'sch net später telefoniere? Die gute Markklößlesupp wird doch kalt! Extra für dich g'macht!", dann verstopft er sich mit'm Zaigefinger des freie Ohr. „Mutter, du nerv'sch!" Ins Handy erklärt er: „Bin grad bei meiner Mum. Esse. – Richt ich ihr aus." Er legt des Handy am Teller ab. „Wer war des?" – „De Jojo. Gruß." Beim Weiterlöffle guckt er schon widder an sich runner. Kontrolliert den SMS-Speicher. Oder stupfelt mit sei'm flinke Daume unner de Tischkant vor'm Bauch Kurzbriefle z'amme.

Er hat ihr schon ewig versproche, die Wasserhähne im Bad zu repariere. Sie hat ihm die Rohrzang zum Besteck g'legt, dass er dran denkt. Aber ich könnt wette, die Hähne tropfe immer noch. Sie will ihm kaine Vorwürf mache. Net dass er dann seltener kommt, ihr ‚Bub'. Sie sagt nur manchmol: „Also ich verlang doch wirklich net viel von dir." Er gibt ihr e Abschiedsküssle. Den Charme hat er von mir.

Ich wunder mich, warum die Ingrid nach unserer Trennung keine längere Beziehung mehr hat. Eine attraktive Frau, immer noch. Gute Figur, vielleicht e bissl mollig inzwische. Intelligent, weibliche Ausstrahlung, Herzenswärme, alles. Als Mann kann mer sich bei ihr wie im Paradies fühle. Zeitweis jedenfalls. Wenn alles nach ihrem Kopf geht. Wir habe gute Zeite g'habt.

Aber nach mir nur noch Strohfeuer. Mehr oder weniger flüchtige Liebschafte. Affairen, sozusage. Von mir aus sogar sexueller Natur. Möglich, obwohl ich des bei ihr net glaub. Wär mir neu. Aber egal. Ihre Verhältnisse ware jedenfalls nie mehr so intim, dass die Männer im Haushalt was repariert hätte. Manche von ihre Männerbekanntschafte habe sich reichlich spät als unglücklich verheiratete Familienväter entpuppt, die sich jetzt endgültig schaide lasse wollte, sobald sie des morge ihre Fraue g'sagt hätte. Für die Kinner sei des natürlich schlimm. Sonscht wäre se schon lang getrennt. Aber jetzt, nachdem sie, die Ingrid, in ihr Leben getreten sei ... und so weiter. Die Ingrid kann des Gesülze, wie sie sagt, nimme höre. Sie macht in solche Fäll so konsequent wie möglich Schluss. Nur die Männer lasse net locker. Und sie hat schließlich auch Gefühle, schwache Momente. Die Schlussmacherei kann sich ziehe. Es gibt Rückschläg. Nachts am Telefon heult sie mir was vor.

Ich bin net eifersüchtig. Des isch rum. Aber ich hab eine saumäßige Wut uff die Sort Männer! Diese Dreckspatze, diese verheiratete! Die picke sich die Rosine aus'm Kuche und flattere fort. Aber von dene nemmt kainer e Rohrzang in d'Hand. Oder en Schraubezieher. Die wisse garnet, wo der Werkzeugkaschte steht. Dehaim scho! Dort markiere die

44

den Heimwerker. Auswärts mache die Wellness-Urlaub. Ein tropfender Wasserhahn stört die net. Die husche in der Dämmerung in fremde Wohnunge mit erwartungsfrohe Fraue drin, lege ab, mache sich's bequem. Die hocke sich an de gedeckte Tisch bei Kerzelicht. Des G'schirr steht noch, wenn se gehe. Von wege beim Abtrockne helfe! Deshalb sin die net komme. So schön hätt ich's a mol gern g'habt!

Manchmol beschwert sich die Ingrid telefonisch bei mir: „Dein Sohn ..." Wenn's schon so losgeht! Ihr Esse hätt er sich schmecke lasse, sagt se. Für sei Bügelwäsch, die sie immer nochmol wäsche müsst, sei sie gut genug. Aber die Dichtunge im Bad hätt er widder net g'wechselt. Ich stell d'Ohre auf Durchzug. Wenn sie denkt, dass ich des mach, hat se sich getäuscht. Soweit kommt's noch! Ich rühr in dem Haushalt keinen Finger mehr. Zum Aufbau von'me Regal kann ich ihr meinen Schlagbohrer leihe, warum net? Den hat sie mir mol zu Weihnachte g'schenkt. Aber den muss sie bei mir hole. Und bitte widder z'rückbringe. Entweder bin ich für alles oder nix zuständig. Ehrlich g'sagt, im Moment lieber für nix.

Wenn der Bifi kommt, muss er net schelle. Von weitem hört mer schon des dumpfe Gewummer aus vier Lautsprecher plus Subwoofer. Ich waiß net, wie er des ohne Ohreschützer aushalt. In dem Auto drin. Wo sogar schon ältere, leicht schwerhörige Fußgänger an der Ampel ihre G'sichtszüg entspanne, erlöst gucke, wenn er endlich weiterfahrt. Schlecht höre helft wenig. Die Druckwelle haue in die Magegegend. Ich glaub, sogar stocktaube Leut könnte zu der Musik tanze. Nur durch die Schläg im Zwerchfell.

Des japanische Off-Road-Kärrele mit Four Wheel Drive hat er gebraucht gekauft. Suzuki, Mitsubishi oder sowas. Eine Art Funcar, blauer Glitzerlack mit gelbe Pinselstrich und pinkfarbene Klecks. Der Mohrhaupt hat des peinliche

Fuhrwerk in Zahlung g'nomme. Ausnahmsweise. Ein potenter Kunde der Firma hat seiner Freundin einen Mercedes-Vorführwage spendiert. Cabrio. Diskret, zu ihrem 30. Geburtstag. Des japanische ‚Boxauto' hat wochelang des gediegene Gebrauchtwage-Sortiment vom Mohrhaupt verschandelt. Der Bifi hätt lieber einen Mercedes-Geländewage g'habt. Besser noch, einen original Jeep. Wär alles sogar gebraucht unbezahlbar g'wese. Sie habe ihm des Auto beinah g'schenkt. Hauptsach, es war vom Betriebsgelände.

Dauernd baut er an dem Ding rum. Verchromte Stahlrohr-Stoßstange mit drahtvergitterte Zusatzscheinwerfer. Mittelkonsole mit Handy-Halterung und Klammer für Zigaretteschachtle. CD-Fächer. Verschiede große Löcher für Trinkbehälter, Colabecher, Red-Bull-Dose. Passgenau ausg'sägt. Ablage für seine Vorratspäckle Tankstelle-Salami. Oder für Döner-Flade, die er beim Fahre schnell ablege muss. Alles in Reichweite. Eigener Entwurf. Die Ausführung, Sperrholz mit abwaschbarer Folie in Wurzelholz-Optik, stammt vom Jojo. Der hat Schreiner g'lernt.

Der Jojo, Schulabbrecher wie der Bifi. Aber vom Temperament her völlig gegesätzlich. Ein in sich ruhender Bär, den nichts aus'm Gleichg'wicht bringt. Unvorstellbar, dass der sich ruckartig bewegt oder heftig äußert. Cool in dem moderne Sinn isch er net. Des wär des falsche Wort. Er isch ai'fach von Natur aus unerschütterlich g'mütlich. Ein freundlicher, sonniger Phlegmatiker. So sieht er a aus. Bissl dicklich und gedrunge, kaum ein Hals. Goldblondes Lockegestrüpp ums runde, pausbäckige G'sicht. Rosige Hautfarb. Wie'n Leberkäs. Kein Frauentyp. Die Mädle habe immer g'sagt, er sei ‚goldig', ‚lieb' oder ‚süß'. In der Schulband hat er Bassgitarre g'spielt. Der Bifi Schlagzeug. Des sagt alles. Sein Spitzname Jojo lasst sich leicht erkläre. Er hat was Zwangsläufiges. Er haißt Joachim Jock. Dazu kommt, dass viele Sätz bei ihm mit einem behäbige ‚Jo jo ...' anfange.

Schon in de Schul hat er die Lehrer mit der Wendung zur Weißglut bringe könne. Die habe mit zornrote Köpf vor ihm rumg'fuchtelt. Er hat halb schuldbewusst, halb amüsiert zugeguckt. Mehr als ein „Jo jo, des wird scho' oder „Jo jo, ich mach des irgendwann' war ihm net zu entlocke. Frech oder aufsässig war er nie. Nur ruhig, freundlich und stur. Des war vielleicht schlimmer. Die Mischung vertrage Lehrer net.

Der Bifi und der Jojo habe sich in der Karlsruher Südstadt eine Dreizimmer-Wohnung g'nomme. Männer-WG. Sie komme anscheinend gut zusamme klar. Ich hab sie mol besucht. War grad in der Gegend. Ich bin net besonders heikel, aber aus der Küch bin i rückwärts rausg'ange. In dem gemainsame Wohnzimmer oder Aufenthaltsraum hab ich beim Tischfußball haushoch verlore. Wie ich im Gegelicht die frisch g'spülte Biergläser g'seh hab, hab ich mei Bier direkt vom Kaschte aus de Flasch getrunke. „Doch, schön habt er's", hab ich beim Abschied g'sagt. Und de Jojo hat g'sagt: „Jo jo, mer kann's lasse."

Die Mittelkonsole für den Bifi hat er prima g'macht. Eine einwandfreie Schreinerarbeit. Bei einer Spritztour hat mir der Bifi stolz sein neues Cockpit vorg'führt. Autobahn bis zur Wilferdinger Höhe. Kilometerweit nur Tankstelle, Supermärkt, Motels, Fitness-Studios, Spielhalle, Fast-Food-Restaurants, Autohäuser, Bürogebäude aus Beton und Glas, Reklameschilder. Es sieht aus wie in Amerika, Zufahrt nach Los Angeles. Aber es kommt nur Pforzheim. „Was will'sch denn do?", hab ich g'frogt. „Abwarte!", hat der Bifi gegrinst. Beim ‚Mac Donald's Drive' hat er des Lenkrad rumg'risse. Eine Frau im Glashäusle schiebt uns zwei ‚Big Mac Maxi Menü' durchs Seitefenschter. Dreilagige Frikadelleweck mit Salatblätter, Gurkescheibe, Zwiebelring. Zähflüssige rosa Soß quillt seitlich raus. Dressing. Ketchup mit Mayonnaise oder so. Pommes-Schachtle. Dünne Kaffeebrüh in große Plaschtikbecher, die mer net zu arg z'ammedrücke darf, solang se voll sin. Briefle mit Salz und Pfeffer. Bündel Serviette. Der Bifi verstaut alles vor uns. Er gibt Gas. Bissl behutsamer als normal. Wege dem Kaffee. „Was isch? Lass dir's schmecke. En gute Appetit, Vadder!", sagt er beim Kaue. Unsere Köpf mit dene Hackflaischweck treffe sich regelmäßig über der abwaschbare Mittelkonsole. Die letschte Pommes, schon kalt, bei der Ausfahrt Großerpflingen. Er wischt mit der Serviette übers Lenkrad. „Und? Wie?" Ich stopf den ganze Verpackungsmüll in e Einkaufstüt aus'm Türfach. „Doch, war net schlecht. Mol was anneres. Wenn du des g'esse ha'sch, bi'sch herg'stellt." Der Bifi hat beim ‚Seehof' pfiffig zu mir rüberg'schielt. „Merk'sch was?"

Ich hab ihm Recht gebe müsse. Ohne die Vorrichtunge im Cockpit hätte mer mit'm Weiterfahre warte müsse, bis mer g'esse habe. Des Hemd hab ich nachher allerdings fortschmeiße müsse. Manche Flecke gehe sogar nach mehrmaligem Waschen net raus. Ich hab ihm nix g'sagt. Ich wollt ihm die Freud net verderbe. Aber ich ess doch lieber zeitraubend im Lokal.

Die Freunde habe ihm zum Geburtstag ein transportables Navigationsgerät g'schenkt, net größer als e halbes Zigarrekischtle. Des tragt er am Gürtel. Beim Losfahre hängt er's mit'me Saugnapf an die Frontscheib. Strom kommt vom Zigaretteanzünder. Bei spontanem Kurswechsel durch Handy-Anruf fahrt er kurz langsamer, dass er des neue Ziel ei'gebe kann, ob er den Weg kennt oder net. Es geht ihm um des Cockpit-Feeling. Außerdem hat er sich an die sanfte weibliche Stimm g'wöhnt. Nie rechthaberisch, die Frau. Immer gleichbleibend freundlich, auch wenn er mol net macht, was sie sagt. Solche Fraue gibt's nur elektronisch, im GPS. Sie wollte ihm zuerscht eine Freisprechanlage schenke. Wär vielleicht sinnvoller g'wese.

Ziemlich sicher trifft mer den Bifi freitagobends zur After Work Party in ‚Charly's Lounge'. Happy Hour von acht bis neun. Von dort plant er seinen Start ins Wocheend. Überall steht gratis Knabberzeug rum. Chips, Erdnüss, Nachos. Für Feinschmecker sogar Oliven, Käsbröckele. Alle Getränke zum halbe Preis. Der Wirt, der Karl-Heinz, versteht sei G'schäft. Erlebnisgastronomie für junge Leut. Poker Party, Tropical Night mit einem Limbo-Wettbewerb, Halloween-Kürbisparty mit Kostümprämierung. Dauernd was los. Events, Ringelpiez.

Der Höhepunkt, das Highlight, war die Beach-Party zur Lokaleröffnung im Sommer. Es hat mich g'wundert, dass sowas genehmigt wird. Sie habe zwai Laschtwäge mit weißem Strandsand als Sandstrand vor'm Lokal in die Gass gekippt. Womöglich vom Städtische Bauhof. Ein aufblasbares Schwimmbecke, acht Meter Durchmesser. Außerum vier täuschend echte Palme mit Plüschaffe und Venyl-Kakadus drin. Grünes, rotes, nachtblaues Scheinwerfer-Mondlicht. Aus schrankhohe Lautsprecher die karibische Musik. Der DJ war ein original Kubaner. Ein Bild von einem Latin Lover. Informatikstudent an der TH. Aus Havanna Der hat sich nebeher e bissl Geld verdient. Dass die Stimmung so perfekt wie möglich rüberkommt, hat der Karl-Heinz sogar kiloweis Speisesalz in des kniehohe Bassinwasser gekippt. Es sollt nach Meer schmecke. Tatsächlich habe sich Verliebte beim ausg'lassene Plantsche gegeseitig ihre Finger zum Abschlecke in de Mund g'steckt. Zwische der Musik war zudem Meeresbrandung eingeblendet. So laut, dass ich in meiner Wohnung, etwa drei Gehminute entfernt, jedesmol reflexartig d'Füß vom Bode hochgezoge hab. Des hat mich g'ärgert.
Ich hab mir net vorstelle könne, wie so eine Beach-Party funktioniere soll. In einer süddeutschen Fußgängerzone zwische Reformhaus, Friseursalon Bächle und Badischer Backstub. So weit von jedem Meer weg. Gege zehn bin ich rüberg'schlendert. Aus reiner Neugier. Außerdem war nach

einem drückend schwüle Tag die Nachtluft angenehm zum Spazieregeh. Um die Zeit weht der ‚Erpftäler' vom Schwarzwald her. Ein kühler, relativ pünktlicher Wind. Nach so bleischwere Sommertäg in der Rheinebene freue sich alle, bis er endlich kommt. Zu einer Beach-Party hat er irgendwie gepasst. Am Meer wird's nachts oft frisch. Sogar in Kuba. Oder in Puerto Rico. Hab ich mir sage lasse.

Des karibische Stück Straß war durch einen blickdichte Zaun aus Schilfmatte abgetrennt. Zu hoch, um beim Hopfe drüber zu gucke. Der Eingang war so versetzt, dass mer net nei'gucke kann. Ich hab e Weil überlegt. Dann hab ich mich kurz entschlosse mit einer schwarze Sonnebrill aus'm Karton ins Getümmel g'mischt. An de Kass hat jeder so e Brill für vier Euro kriegt. Als Eintrittsbeleg. Männer schwarze, Fraue rote. Ich hab meine über d'Stirn g'schobe.

Zwische dene Schilfwänd war die Hölle los. Mit einem Schrägschritt war ich in einer anderen Welt. Alle hopfe rum wie verrückte Fern-Urlauber. Wedle mit de Ärm über de Köpf, bespritze sich beim Tanze im flache Meer, in dem Gummibecke. Magische Lichtwechsel im ohrenbetäubenden Rhythmus der Karibik. Percussion, Bongos, Rassle, Trillerpfeife. Ein hüftlockeres Jungvolk. Farbige Buschhemde, verknotete Blüsle über baggersee-gebräunte Mädlesbäuch. Wie benomme schaff ich mich durch lachende Sonnebrille-G'sichter. Ein freier Korbstuhl an einer Eckpalm. Ziemlich nah am hinnere Rand der Karibik. Drei Schritt in die normale Nacht an der Bundesstraß drei. Ich kann jederzeit verschwinde, aber alles überblicke. Deshalb bin ich hier. Aus Wunderfitz. Lang bleib ich net. Ich will nur gucke, dass ich mitschwätze kann. Beach-Party am nördliche Schwarzwaldrand. Schwachsinn! Hoffentlich kennt mich niemand. Es wär mir peinlich g'wese. Man erwartet von mir anspruchsvollere Vergnügunge in diesem Städtle. Wo jeder jeden so gut zu kenne glaubt, dass er maint, er wüsst, wer er isch. Ich hab mich in den Stuhl falle lasse. Es war ein Sessel sogar. Mit Armlehne. Urlaubsmäßig.

Auf einer Schiefertafel mit Farbkreide Zitroneschnitz, ein Palmwedel, ein Cocktailglas mit Knickröhrle. Ich les. ‚Caipirinha 7,– Euro. Only today special offer: Drink two, pay one!'. Ich hab überschlage. Also mehr kann'sch beim Trinke net spare. Drink four, pay two. Schon viermol 3,50 Euro weniger bezahlt. Macht 14,– Euro. Dazu noch eine Sonnenbrille fürs Auto. Kann'sch nix sage. Aber Vorsicht! Immer grade Zahle trinke. Net beim dritte oder fünfte Glas uffhöre. Des zahl'sch praktisch voll, weil du immer noch einen Drink gut hätt'sch, wenn ich des Sonderangebot richtig versteh. Drink five – was jetzt? Pay wieviel? Mer sollt jedenfalls Strichle mache. Beim Trinke vorausdenke. Ich hab bestellt. Zwai pack ich locker. Dann hau ich sowieso ab. Bei diesem Zirkus mach'sch entweder mit, oder du wir'sch meschugge.

Ein stacksiges Geschöpf im kurze Lambada-Rüscheröckle hat aus einer Art Bauchlade kubanische Zigarre verkauft. Jesses, die Steckefüß in viel zu klobige Turnschlappe! Des verbandähnliche Bikini-Oberteil, in dem sogar noch Delle Platz habe. Die dünne Ärmle. Beim Oktoberfescht könnt die im Bierzelt kaum zwei Maßkrüg trage. In einem Dirndl unvorstellbar. Sie erinnert mich an die Models in so überzwerche Hochglanz-Modeheftle. Große, gletscherbachgrüne Auge gucke aus einem Bündel Haut un Knoche. Ich steh mehr auf dirndlfüllende Figure.

Ich hab mir eine Cohiba g'nomme. Wenn schon, denn schon. Stilecht. Keine Beach-Party ohne eine Cohiba. Ich wollt schon des Mundstück abbeiße, des Zungespitzle Tabak nebe d'Schuh spucke. Aber sie war schneller. War vermutlich besser so. Des Abbeiße sieht cool aus. Aber des muss mer könne. Sonscht kann'sch des Zigärrle fortschmeiße. Mit einem Zigarreschneider hat sie mir des Mundstück sauber abgeknipst. Ich wollt mich dem Ambiente sprachlich anpasse. „Muchas gracias, chica", hab ich g'sagt. Sie hätte ,de nada' oder sowas antworte könne. Aber sie hat nur blöd geguckt. Der Karl-Heinz denkt an beinah alles. Aber für solche Events sollte er sein Personal besser schule.

Zigarrerauche muss mer zelebriere. Do kann'sch nix nebeher mache. Zwische de Lippe hab ich des Mundstück feuchtgedreht. Net nass. Ich hab's e bissl raus- un nei'gschobe. Jetzt a'zünde. Aber noch net im Mund. Womöglich mit'm Benzinfeuerzeug. Langsam über der Streichholzflamm in einen Schwelbrand setze. Von alle Seite. Dann locker aus'm Handg'lenk in Nasenhöhe schwenke, bis die Zigarre vom Lufthauch glüht. Des Ganze bei geschlossene Auge, dass mer besser rieche kann. Sich zurücklehne. Himmelwärts gucke, d'Füß überkreuzt von sich strecke. Probezug. Des würzige Aroma füllt alle Hohlräum im Kopf. Wunderbar. Zieht einwandfrei. Den Rauch net rausstoße wie bei einer Zigarett, sondern beim normale Ausatme vor'm Gsicht stehe lasse, dass er bläulich verwabert. Oder durch dosiertes Rauchrauslasse Kringel paffe. Des braucht Übung. Die Lippen schürzen – kann mer des sage? Doch, den Ausdruck ,sie schürzte die Lippen' hab ich schon irgendwo g'lese. Bei Fraue geht des jedenfalls. Also Lippe vorwölbe, halt e Schnut mache. Net richtig rund, net ganz oval. Ungefähr wie so'n Fernseh-Bildschirm früher. Mit abgerundete Ecke. Oder wie bei'me Karpfe, der nach Brotbrocke schnappt. Die Emissionsmenge pro Kringel wird im hinteren Rachenbereich reguliert. Durch Kontraktion. Wenn die Zigarr weiß glüht, solid brennt, net dauernd ziehe, ständig die Asch abklopfe. Wie so ein nervöser Zigarreteraucher, dem was net schnell genug geht. Die Zigarr ruhig glimme lasse. Zeitweis garnet beachte. So zwische Zeige- und Mittelfingerwurzel klemme, dass die sogar bei völliger Erschlaffung, etwa durch Ei'schlofe, net rausfalle kann. Ab und zu tief in de Mundwinkel schiebe, zwische die Zähn. Im

G'sicht stecke lasse. Aber net schräg, sondern kerzegrad in Blickrichtung. Zum Beispiel beim Gang zur Toilett durchs Lokal, wenn mer zum Austrete baide Händ frei habe muss.

So raucht ein kultivierter Latino der Oberschicht Zigarre. Ich bin mir vorkomme wie Che Guevara, der die Revolution überlebt hat. Mit'me kurze Stirnrunzle hab ich mir die schwarze Eintritts-Sonnebrill vor d'Auge abkippe lasse.

Ich waiß net wie. Ich hätt's net für möglich g'halte. Die Karibik-Stimmung hat mich gepackt. Nach'm zwaite Caipirinha hab ich nimme groß mitgezählt. Im Urlaub wird net g'spart, hab ich mir g'sagt. Sobald durch den Trinkhalm nur noch Eiswasser schnorchelt, wink ich mit meiner Zigarrehand. „Otra, por favor – noch so e Ding do, bitte!"

Der DJ hat eine Runde lateinamerikanische Oldies g'spielt. Speziell für mich? Könnt sei. Bei ‚Guantanamera' hab ich laut mitg'sunge. Mit Schmelz in de Stimm. „Yo soy un hombre sincero ..." Wunderschönes Lied. Kann mer immer widder höre. Zur Melodie hab ich mei Zigarr g'schwenkt. Bringt mir die Bedienung ein Glas Caipirinha. Des alte war noch halb voll. Sie hätt g'maint, ich hätt bestellt. Sie wollt's widder mitnemme. Ich hab großzügig g'sagt: „Ach was! Lasse se's steh. Des kommt schon weg."

Bei ‚La Bamba' hat's mich nimme im Korbsessel g'halte. Ich stürz mich in des Gewühl am Strand, tanz mit. Zwische vier Fraue, die anscheinend zusamme g'höre. Alle etwas älter als der Party-Durchschnitt. So Mitte zwanzig aufwärts. Zurechtg'macht wie für de Karneval in Rio. Vielleicht die Belegschaft von einer Parfümerie. Ich hopf abwechselnd vor jeder rum, betanz alle e bissl, dass sich kaine ausg'schlosse fühlt. Mit hüftgeschmeidige Schritt tänzel ich in ihre Mitte, wedel mit de Ärm durch d'Luft. Ich klatsch überm Kopf. Nur mit de Handballe, wege meiner Zigarr. So hat mer zu meiner Zeit La Bamba getanzt. Raumgreifend, wild, mit viel Freud an der Bewegung. Lang nimme g'macht. Ja Herrgott, wer sagt's denn? Es geht doch noch! Ich hab's net verlernt. In einer Hüpfdrehung rundum schlenker ich d'Füß vor. Alles wogt zurück. Sie mache mir Platz. Aha, die bilde um dich einen Tanzkreis, denk ich noch. Du soll'sch de Vortänzer spiele. Plötzlich guck ich in bitterböse, grell überschminkte Fraueg'sichter, die sich in Hexefratze verwandle. Ein Gezeter und Gekeife. Ich begreif überhaupt nix. Die vier Fraue ziehe sich g'schlosse zurück, lasse mich steh. Eine humpelt stark. Sie wird von ihre Freundinne g'stützt. Ich stopf mir s'Hemd in d'Hos, bevor ich mich an ihrem Tisch fürsorglich erkundig: „Au, Knöchel verknackst? Sowas kann schmerzhaft sei." Sie ringt nach Luft, zischt mir zornig entgege, ich hätt sie getrete wie ein Gaul. Ihr Sitznachbarin kühlt mit Eisbrocke aus'm Prosecco-Kübel ihr Schulter. Des Trägerle vom BH hat se beiseit g'schobe. Sie guckt schräg an sich runner, drückt ein Doppelkinn raus. Unvorteilhaft. Es wackelt beim Schimpfe. Ich Idiot hätte sie mit meiner blöde Zigarr verbrennt. Ich entschuldig mich mehrfach. Es tät mir Leid. Es sei doch net mit Absicht g'wese. Aber des Gefauche am Tisch wird immer schlimmer. „Mit Absicht? Des wär natürlich noch schöner! Verschwinde Sie jetzt bitte! Beläschtigen Sie uns nicht länger!" Die mit'm Doppelkinn hat laufend g'jammert, der Transparentträger von ihrem neue BH, heut morge gekauft, sei versengt, sogar richtig verschmort.

Jetzt hat mir's g'langt. Ich hab mich entschuldigt. Mehr kann ich net mache. So ein Theater zu veranstalte! Dass alles guckt. Öffentlich demütige muss ich mich net lasse. Kurz vor meiner Sitzpalm dreh ich mich um. Geh zurück zu dem Weibertisch, mit einer Mordswut im Bauch. „Hier, meine Visitenkarte!", hab ich g'schrie. „Kaufe Se sich in Gottes Name en neue Büschtehalter. Net dass was runnerfallt! Die Rechnung schicke Sie mir." Ich lass des Kärtle über de Tisch segle. Es war garnet meines. Ich brauch sowas net. Ein Vertreter von der Allianz hat's mir am Vortag zug'steckt. Jetzt hab ich's brauche könne. „Noch was", hab ich ruhiger g'sagt. „Wenn ich Sie ver-brennt hätt, wie Sie sage, wäre Sie jetzt nur noch Asche. Ich hab Sie vielleicht ge-brennt. Des kann sei. Nur eine Vorsilbe, aber ein gewaltiger Unnerschied. Deutsche Sprache, schwere Sprache, gell!" Ruh am Tisch. Verlegenes Schweigen, Ratlosigkeit. Die Fraue gucke weg. Oder durch mich durch. Sie trommle mit de Fingernägel uff'm Tisch, verdrehe d'Auge. Die lasse mich stehe wie ein Depp. Ich bin scheint's unter ihrer Würde. Wenn ich was überhaupt net vertrag, dann Arroganz. Die Humpel-Liese will ich mir noch vorknöpfe. Von wege, ich hätt sie getrete ‚wie ein Gaul'. So eine Übertreibung! Des hätt ich doch spüre müsse. Sie reibt sich des rechte Knie. Ich seh, dass se Träne in de Auge hat. In dem Augeblick sackt meine ganze Zornenergie in sich z'amme.

Der ‚Buona Vista Social Club' spielt Ein Arm legt sich sacht um meine Schultere. Der Chef, der Charly von der Lounge. Er dirigiert mich sanft zu meiner Eckpalm, redet mir beruhigend zu. „Alles im grüne Bereich. Ganz locker bleibe. Genieße." Er dreht mich so über mein Sessel, dass ich mich nur noch falle lasse muss. „Bequem so? Sei bitte so gut und bleib ai'fach do hocke." Wieso er mich so vertraulich geduzt hat, waiß ich net. Gekannt hat er mich damals noch net. Vermutlich Wirtspsychologie. So geht mer mit schwierige Gäscht um, die mer umsatzmäßig net verliere will. Er zupft mir die Zigarr aus de Finger. „Abgebroche. Schad. Eine Cohiba war's? Angie! Eine Cohiba aufs Haus für den Herrn!" Des hat Stil, sag ich mir.

Magisch blaues Licht am Strand. Der DJ springt von sei'm Hochsitz ins Partyvolk. Zum Salsa-Schnupperkurs. Ich hätt gern mitg'macht. Ich hab mich um d'Hüfte rum extrem biegsam g'fühlt. Wie schon lang nimme. Nur, Salsa war ein Paartanz. Nach der Szene vorhin hätt jede Frau wege Verletzungsgefahr vor mir Reißaus g'nomme.

Ich bleib unner meiner Kokospalm an der B 3 hocke. Mit einem zunehmenden karibischen Hochgefühl. Gut, die Wasserfläche könnt e bissl größer sei. Aber vom Meer sieh'sch a nie alles. Immer nur des Abschnittle bis zum Horizont. Also den teuere Flug nach Havanna oder Punta Cana in der Dominikanische Republik kann mer sich spare. Dort hock'sch nachts hinner bewachte Mauere von der Clubanlage rum. Wenn'd raus geh'sch, zack, krieg'sch was uff d'Mütz. Platzwund am Kopf, Wertsache weg. Traumurlaub zu Ende. Mein Gott, ich kann die Leut dort sogar versteh. Lieber ab und zu drei riskante Sekunde lang kriminell, als des ganze Lebe lang durchgängig ein armer Hund. Wenn ich nachher durch den Schilfzaun Richtung Marktplatz spazier, bin ich in fünf Minute sicher in meiner Wohnung. Es tröpfelt am Beach.

Die Salsa-Schnupperkurstänzer strecke d'Ärm raus, gucke verwundert zum Nachthimmel. Sternenklar. Ich seh den Orion, die Cassiopeia, sogar das Kreuz des Südens überm Dach vom Strandhotel ‚Erbprinz'. Des dürft mer eigentlich net sehe könne. Nördliche Erdhalbkugel. Aber ich könnt wette, dass es – na ja, jedenfalls so aussieht. Wo soll denn der Rege herkomme? Plötzlich eine Krächzstimm über allem. Der DJ dreht die Musik leiser. „Lumpeziffer, elendes! Drecksbagage, dreckiche! Sauvolk! Polizei! Wo lebe mer denn?" Ich seh den schlohweiße Strubbelkopf vom alte Jakoby im Fenschter vom dritte Stock. Bis vor kurzem war er noch mit sei'm Gehwägele in der Stadt unnerwegs, immer wackliger und langsamer. Bei der Sparkass hat er die Mieteinnahme von seine Häuser kontrolliert. Nach'me Sturz in der Schalterhall isch er bettlägerig. Niemand hat Mitleid mit dem bitterböse, schlitzmündige Geizhals. D'Leut sage, sie hätte den Jakoby noch nie lache g'seh. Außer vor'm Amtsgericht, nachdem er einen Prozess g'wonne hat. Dann säh er furchtbar aus. Mit dem Rollator und dem volle Gießkännle hat er's mühsam zum Fenschter g'schafft. Lang kann er sich dort net halte. Sein linker Arm zittert. Er drückt sich am Griff vom Gehwage hoch. „Früher hätt's des net g'ebe ... ab ins Lager ... Steinbruch, schaffe lerne ... Ihr g'hört doch alle ...!" Kräftige weiße Fraueärm schlinge sich um ihn, ziehe ihn zurück ins Dunkle. Seine Stimm überschlagt sich. „Finger weg, polnische Gans!" Er schüttelt die letschte Tropfe aus der Kann. Der Sprenzer fallt runner in de Sand. Die Jakoby-Kinner habe für ihren Vadder eine Ganztagspflege engagiert. Die Frau wohnt unnerm Dach. Der Charly kickt den Sprenzer beiseit. „So ein Nazi-Kotzbrocke!", schimpft er. „Gott sei Dank sterbt die Sort aus!" Zum DJ macht er eine Drehbewegung mit'm Handgelenk. „Gib Stoff, Pablito! Volle Dröhnung – Salsa!"

Ich bin bis zum Schluss gebliebe. Punkt ein Uhr war der Zauber schlagartig vorbei. Bissl früh für karibische Verhältnisse. Aber die behördliche Genehmigung lauft aus. Stöpsel raus. Vielarmig wird des Meer in Schräglage hochg'stemmt. Es schwappt über die Gummi-Ufer, gluckert in de Dohle. Die farbige Scheinwerfer verglimme, rauche nur noch. Weißes Licht zum Abbaue. Die Jungs von der ‚Light & Sound Company' mit ihre schwarze Ami-Schildkappe wickle Kabel über d'Elleboge, Zigarette im Mundwinkel. Sie schiebe Rollkärrele mit Elektronik über des holprige Pflaschter zur LKW-Hebebühn. Der Strand wird zu vier Häufe g'fegt un g'schaufelt. Zum Abtransport. Schilfzaun weg. Ich guck zu, wie se mir mei schöne Sitzpalm wegschleppe. Die Karibik wird spurlos beseitigt.

Besenrein, hat des Ordnungsamt verlangt. In der Früh muss die Fußgängerzone für Zuliefererverkehr zum Schlecker oder Keilbach passierbar sei. Ich wär gern noch sitze gebliebe. Aber immer öfter rollt des Auto von der Bay Watch vorbei, hält kurz. Kontrollblicke. Der Beifahrer klopft uff d'Uhr. „Leut, langsam Schluss mache, gell!" Der Charly rüttelt an mei'm Korbsessel. „Horch, komm rei", sagt er. Drin könnt ich in Ruh austrinke. Er schlingt Drahtkabel ums Außemobiliar. Diebstahlsicher. Nagelneue Sache. Im Lokal hat ein harter Kern an der Thek weiterg'feiert. Ich glaub, gege drei hab ich mich herzlich, aber völlig unbemerkt verabschiedet.

Mit dem erschte Schritt ins Freie fühl ich mich unsicher. Net vom Gehe her. Laufe kann ich noch relativ gut. Aber die Stadt mit ihre verwinkelte Gasse kommt mir stockdunkel vor. Ich bin beinah blind wie'n Maulwurf. Zum Glück war mir der Weg vertraut. Nach dem grelle Scheinwerferlicht, sag ich mir, müsse sich d'Auge erscht umstelle. Des bessert sich. Des neue städtische Lichtkonzept helft bei der Orientierung. Alles, was halbwegs sehenswert wär, wenn jemand gucke däd, wird über Nacht in Strahlerlicht getaucht. Sogar im Pflaschter vom Marktplatz verlauft ein begehbarer schwimmbadblauer Leuchtbalke. Fremde Stadtbesucher folge oft aus Neugier dem magische Lichtstrahl. Der endet abrupt nach dreißig Meter Shopping Mall in'me dunkle Innehof, wo se sich nur sage könne, der Spaß sei's wert g'wese.

Jetzt war ich froh um die Illumination. Als grobe Wegmarkierung. Wenn ich dehaim bin, könne se von mir aus alles abschalte. Komisch, die beleuchtete Stelle hebe sich net so deutlich ab wie normal. Die Schlossfassad müsst viel heller aus der Nacht strahle. Sogar die Straßelaterne verströme nur ein trübes Funzellicht. Alles irgendwie schemenhaft. Vielleicht Energie-Sparprogramm. Eine dunkelgraue Limousine schleicht im Abstand nebe mir her, hält genau Schritt, biegt mit mir ab. Net rübergucke, sag ich mir. Ein mulmiges G'fühl. War des Städtle doch net so sicher? Um die Nachtzeit, wenn die soziale Kontroll wegfallt. Kriminelle von auswärts. Ein kosovarisches Straßenräuber-Kommando? Oder eine rumänische Einbrecherbande, besonders brutal? Hört mer oft. Diese Bursche schrecke vor nichts zurück. Für die bin ich ein gefundenes Fresse. Des nemme die zwische zwai Einbrüch mit. Ideale Verkehrsanbindung für Fluchtautos. Drei Minute bis zur Autobahn. Über die unbewachte Grenz bei Lauterburg. Zwanzig Minute, schon sin die in Frankreich, im dunkle Elsass verschlupft. Ich bin für die jetzt ein beinah risikoloses Zubrot auf ihrer Einbruchstour. Solche Gedanke gehe mir panikartig durch de Kopf.

Ich geh schneller. Nimme weit bis zu meiner Haustür. In meiner Kitteltasch hab ich schon den passende BKS-Schlüssel parat. Ich stolper über den Fahrradständer vor der Schloss-Apothek. Glatt übersehe. Aber Lärm mache war gut in der Situation, denk ich noch. In dem Moment ruft eine Stimm im vertraute Dialekt: „Hoppla! Sage Se bloß, Sie gehe scho haim, Herr Siegele? – Kann mer Ihne irgendwie helfe?" Leut von hier. Die kenne mich sogar! Erleichtert ruf ich zurück: „Danke, danke! Alles soweit in Ordnung! Ich seh nur e bissl schlecht. Was mit de Auge. Bindehautentzündung oder so!" Der Wage rollt en halbe Meter vor, bremst. „Vielleicht die Sonnebrill?" Ich finger mir übers G'sicht. Die schwarze Sonnebrill von der Beach-Party fallt mir vor d'Füß. Alles wird plötzlich so hell, dass ich verschreck. Vor mir seh ich des grün-weiß lackierte Blech vom VW Passat Variant, den Querbalke überm Dach. Grinsende Beamteg'sichter unner Uniformkappe. „Besser, gell!", ruft der Fahrer aus'm Seitefenschter. Ich nick. „Ja klar, wesentlich. Danke für den Tipp. Also sowas Blödes!" Sie lache beim Weiterfahre Richtung Revier 4. Freundliche Ordnungshüter.

Am nächschte Morge gege Mittag beim Frühstück hab ich net kaue könne. Schmerze in der unnere Gesichtshälfte. Net arg, erträglich. Beim Zähnputze war's allerdings schlimm. Wenn die Zahnbürscht von inne gege de Backe stoßt. Bei völlig entspanntem Gesichtsausdruck, wenn ich nur so guck, quasi teilnahmslos, spür ich nichts. Aber sobald ich lache will, tut's weh. Vor allem aber, wenn ich die Lippe spitz. Gut, des macht mer net so oft. Trotzdem, normal war's net. Ich muss doch schmerzfrei meine Lippe spitze könne, wenn ich will. Ich betracht mich im Spiegel. Guck mir in de Mund. Nirgends was g'schwolle, keine entzündete Stelle. Ich bin kain Arztrenner. Aber sowas kann mer net a'steh lasse. Womöglich eine beginnende Gesichtslähmung. Trigeminus-Neuralgie. Mein Hausarzt könnt mich eventuell zum Neurologe überweise. Des wird hoffentlich net notwendig sei. Jedenfalls, gucke lasse sollt mer. Vorsichtshalber. Ich hol frische Unnerwäsch aus'm Schrank. Normalerweise hätt ich die Sache noch net wechsle müsse. Aber beim praktische Arzt kann mer nie wisse. Du komm'sch mit Schmerzbeschwerde im G'sicht, ohne jede Sorge um deine Intimsphäre. Dann haißt's plötzlich ‚Bitte mal freimachen, Herr Siegele. Die Unterhose dürfen Sie anbehalten. Die Schuhe auch. Nur die Hose ein bisschen runter. In Rückenlage, bitte'. Schon zupft er dir des Bündle von de Unnerhos hoch, langt nei. Es kann sogar passiere, dass er sich einen Gummihandschuh überzieht. Mit'm vorg'streckte Zaigefinger guckt er zu dir runner. ‚So, jetzt mal Seitenlage, bitte. Zur Wand. Wenn wir schonmal dabei sind, könnten wir die Prostata ... Unangenehm, ich weiß. Tief und gleichmäßig atmen. An etwas anderes denken ... Haben Sie in Ihrer Jugend auch Hesse gelesen? ... Das war's schon. Unauffällig, nicht vergrößert. Sie können sich anziehen'. Des hab ich beim Dr. Haslinger schon erlebt, als ich nur nachträglich die Praxisgebühr für ein Rezept bezahle wollt. Nur weil des Wartezimmer grad leer war. Seitdem betret ich die Praxis vom Haslinger nimme ohne übertriebe saubere Unnerwäsch, die noch nach Waschpulver riecht. Am Fenschter knöpf ich mir s'Hemd zu.

Des AOK-Kärtle net vergesse. Zehn Euro ei'stecke. Neues Quartal. Kaffee austrinke. Die erschte Zigarett rauche.

Ein leichtes, kaum merkliches Schmerzempfinde beim Ziehe. Ich leg die Zigarett weg, saug kräftig an mei'm Daume. Jetzt spür ich's genau, des war's! Den Gang zum Arzt kann ich mir spare. Ich hab Muskelkater in de Backe! Vom viele Ziehe an dene Cohiba-Zigarre.

Im Aschebecher seh ich Zigarettestummel mit Lippestift. Ich renn ins Gäschtezimmer. Richtig, des Bettzeug zerwühlt, Uff'm Nachttisch liege zwai Sonnebrille, schwarz und rot. Es muffelt nach Schwaiß und Parfüm. Ich reiß die Fenschter uff. Stoßlüftung. Im Bad nasse Handtücher, verkrumpfelt am Bode. Wie im Hotel. In der Kloschüssel schwimmt ein rosa Kondom. Tiefspüler. Nochmal drücke, dann isch's weg. Schon praktisch, wenn de Vadder in Strandnähe ein Stundenhotel betreibt. Aber immerhin, sie ware vernünftig die junge Leut. Gut, dass se was nemme. Net dass se was kriege.

Charly's Lounge war vorher des ‚Goldene Lamm'. Eine alte Traditionswirtschaft. Des schmiedeeiserne, verschnörkelte Wirtshausschild hat bleibe müsse. Denkmalschutz. Sonscht erinnert kaum noch was ans ehemalige Lamm. Ein schwungvoller Neon-Schriftzug strahlt gutselrosa un Las-Vegas-blau über die Fachwerkfassad. ‚Lounge Brasserie Pub'. Die ältere Stammgäscht aus der Lamm-Zeit lasse sich dort nimme blicke. Für die hat sich der Ort erledigt. Schon weil se net wisse, was für eine Art Wirtschaft des sei könnt. Lounge klingt net nach Schnitzel mit Pommes. Oder Sauere Nierle mit Bratkartoffel. Oder nach g'mütlicher Stammtisch-Hockerei. Des Wort passt net in ihr Sprach. Des funktioniert in ihre Sätz net. Ihre Fraue könnte nimme vorwurfsvoll sage ‚Was, komm'sch jetzt erscht aus de Lounge?'. Oder ‚Häng dein Kittel uff de Balkon. Der riecht nach Lounge!'. Und Brasserie? Pub? Des war alles kein Ersatz für des schöne deutsche Wort Wirtschaft, in dem soviel Lebensg'fühl steckt. Dagege war Pub ein Wort wie ein unnerdrückter Rülpser.

Beim Umbau habe se alles rausg'risse, was im Lamm so wirtschaftsmäßig g'mütlich war. Die gelb verrauchte Holzvertäfelung, die Thek, des Hängeschränkle mit farbige Butzescheibe für Gläser, den abgetretene Dielebode. Sie habe ihn durch Profilplatte aus Aluminium ersetzt. Wie im Zug zwische de Waggons. Tagelang Pressluftgehämmer, Staubwolke, haufeweis Bauschutt. Die Wand zum Nebezimmer habe se rausgeklopft. Die altehrwürdige Garderob, wo Generatione von Zecher ihre Hüt und Kappe vergesse oder ihre Jacke verwechselt habe, habe se uff de Straß zu Brennholz verhackt. Eine pietätlose Entrümpelung der Vergangenheit. Sie habe sogar die ausg'stopfte Viecher überm Stammtisch, den Fuchs, den Habicht, einen Marder, gedankenlos entsorgt. Den mächtige Keilerkopf mit seine nikotinbraune Stoßzähn habe se durchs Fenschter in die Schuttmulde g'schmisse. Jahrelang hat er aus blutunterlaufene Glasauge den Betrieb im Schankraum überblickt.

Der Schultheiß Erwin, ein ehemaliger Stammtischler, hat den Wildsaukopf in wehmütiger Stimmung nachts aus dem Container gezoge. Er wollt ihn zur Erinnerung an die Zeit im Lamm über die Eckbank im Esszimmer hänge. Oder wenigschtens in d'Garage. Aber sei Frau hat ihn nach'm erschte Schreck vor die Haustür bugsiert. Sie hat sich d'Nas zug'hobe. Er sollt des grausliche, verräucherte Ding zurückbringe. Dorthin, wo er's her hätt. Net morge, jetzt sofort! Schon war die Tür zu. Er hat den Saukopf in der Thujaheck versteckle wolle. Vorläufig. Wie er im Gras kniet, taucht der Bewegungsmelder den Vorgarte in ein grellweißes Stadionlicht. „Unnersteh dich!", ruft sei Frau durchs vergitterte Küchefenschter.

Dem Erwin war der Rückweg durch die nächtliche Fußgängerzone mit dem borschtige Eberschädel unnerm Arm zu lang. Außerdem hat er zunehmend den unheimliche Eindruck, der Kopf wird wärmer und schwerer. Er füllt sich mit Blut. Des Vieh guckt mit seine gläserne Augäpfel gezielt in manche Schaufenschter. Er hat einiges intus g'habt, der Erwin. Immerhin war er noch klar genug, um sich zu sage, des kann aigentlich net sei. Aber er will des gruselige Gepäck loskriege. So schnell wie möglich. Mit jedem Stolperschritt kommt er sich blöder vor. Was rennt er mit'me Wildsaukopf mitte in de Nacht in der Stadt rum? Gott sei Dank, kaum noch Leut unnerwegs. Denkt er noch.

In dem Moment Applaus vom Schlosshof her. Die Schlossfestspiele. Freilicht-Theater. Premiere von ‚Maria Stuart'. Vorstellungsende. Herrgott, grad jetzt! In Schare kommt ihm elegantes Publikum entgege, eilig zur Tiefgarage. Bevor der große Haufe, der noch klatscht, die Ausfahrt verstopft. Durchgefrorene Dame stöckle, tripple, stolpere in knöchellange, enge Röck nebe ihre Männer her. Sie drücke ihre flache Abendtäschle an sich wie Gummi-Bettfläschle. Zuchtperle auf Gänsehaut. Gesprächsfetze. „Jesses, bin ich froh, dass ich des Strickjäckle mitg'nomme hab! Wenn mer so sitzt, wird's doch frisch." – „Also oberum geht's bei mir. Aber ich hab'n eiskalte Po." – „Am Schluss hat sich des Stück doch arg gezoge." Es wird herzhaft gegähnt. Die Männer marschiere um Schrittlänge voraus in ihre Anzüg verkroche. Sie ziehe an ihre Zigarette, klimpere schon mit de Autoschlüssel. Alle schwer bepackt mit Campingzeug. Karierte Wolldecke, Schlofsäck, Sitzkissele, wasserdichte Umhäng, dreiteilige Liegestuhlpolschter. Wie nach'me vornehme Open-Air-Festival für bessere Leut. Eine Mischung aus feierlich und wetterfescht. Kommentare über die Gass weg. „Und?" – „Was und?" – „Des Stück! Handy bei Schiller?" – „Warum net? War halt eine moderne Inszenierung." – „Komm, geh fort! Des sin doch Fürz! Die Köpfung von der Maria Stuart als Video im Internet! Auf Großbildschirm!" – „Die was? Die Köpfung? Des Wort gibt's net. Die Enthauptung sagt mer." Eine Frau kreischt: „Um Gottswille, guckt doch mol, dort! Was schleppt denn der mit sich rum?" Sie klammert sich an ihren Mann.

Vor'm Erwin verstumme die Gespräche. Alles drängt zur Seit. Er schwankt durch ein Spalier von verstörte G'sichter. Mit der rechte Kittelhälfte will er den Wildsaukopf verdecke. Er zieht den Stoff drüber. Zu knapp. Er langt net. Was rausguckt, des Stück Rüssel bis zu dem blutig umränderte Augapfel, sieht nur noch schrecklicher aus. In seiner Erklärungsnot klappt der Erwin die Jack kurz weg, zaigt sich dene Leut von vorne. Dass die vielleicht die Holzplatt mit de Schraublöcher sehe. „Der beißt nimme!", schreit er und lacht laut. Niemand lacht mit. Die Dame flüchte sich in Männerärm, verkralle sich dort, gucke gequält weg. Offene Drohunge männlicherseits. „Zieh Leine, Mensch!"

Der Erwin dreht sich nimme um. Er hört noch die Bemerkunge hinner sich. „Do brauch'sch doch net ins Theater!" – „Die Nacht der ab'enen Köpfe!" Männergelächter. Weibliche Empörung. „Also ich versteh net, wie ihr lache könnt! Der Kerl isch gemeingefährlich! Pervers!" – „Ein Sadist! So ein Tierschänder!" – „Jetzt übertreibt net! Vielleicht ..." – „Überteibe? Noch nie was von so kranke Type g'hört, die nachts mit'm Rasiermesser in der Pferdekoppel rumschleiche?" – „Des Wildschwein-Gehege im Oberwald! Der kommt genau aus der Richtung!" – „Jesses, schon des wahnsinnige Lache! Dann zaigt er noch sei Ding. Mich hat's richtig g'schüttelt. Ekelhaft!" – „Was? Was hat er g'macht?" – „Sich entblößt!" – „Wo? Schwätz deutsch!" – „Herrgott, wo schon? Unne! Er hat seinen Penis zur Schau gestellt!" – „Des hab ich net g'seh. Du, Gerd?" – „Nö. Aber lieber Gott, der war b'soffe. Kann sei, dass er vergesse hat, sein Hoselade zuzumache. Nach'm Pinkle. Des isch mir a schon passiert." – „Aber dann guckt doch nix raus! Des Wegpacke vergesst mer doch net!" – „Des war vielleicht de Hemdzipfel." – „Also bitte! Der hat ein rotkariertes Hemd getrage! Des war was Weißes. Ich bin doch net farbeblind!" – „Der Zipfel vom Unnerhemd wird's g'wese sei!" – „Bevor mer jetzt lang rumdiskutiere. Dein Handy, Achim!" – „Was hasch vor?" – „Polizei informiere. Wer waiß, was der noch anstellt?" Die Fraue nicke zustimmend. „Richtig, Sonja! Der war doch durch die Tat sexuell erregt. Es haißt immer: Wir brauchen eine Kultur des Hinschauens. Also!" – „Des Knöpfle drücke! War im Theater ausg schaltet."

Minute später rückt der Passat vom Revier 4 aus. Die Beamte halte Ausschau nach einer männlichen Person um die Sechzig. Untersetzt, etwa einen Meter siebzig groß. Trachtenähnliche Kleidung. Grauer Älplerhut aus Filz. „Wie der Luis Trenker". Sakko oder Janker in gleicher Farbe. „An Taschen und Revers jägergrün abgesetzt. Eichenlaub, Edelweiß, florale Motive. Hornknöpfe mit..." Eine Männerstimme hat übernomme. „Gib her, Sonja! Es geht hier net um eine Modenschau im Landhausstil' Wie schon gesagt, der Mann führt einen Keilerkopf mit sich. Eventuell frisch abgetrennt." Weibliche Zwischenrufe. „Ach ja, er soll sich angeblich in schamverletzender Weise genähert haben. Sie wisse schon. Des wolle jedenfalls unsere Damen gesehen haben. Ich sag mol so: Der Mann macht einen verwirrten Eindruck. Stark betrunken."

Der Deliktvorwurf bleibt unklar. Ein exhibitionistischer Tierschänder? Noch nie erlebt. Unwahrscheinlich. Ein durchgeknallter Jäger? Schwarzwild war immer zum Schuss frei. Keine Schonzeit. Aber sie kenne sämtliche Jagdscheinbesitzer in der Region. Die bechere alle heftig nach erfolgreicher Jagd. Die bleibe aber unner sich. Die trage ihre Trophäen net spaziere. Die habe höchschtens e abg'schnittenes Wildsau-Ohr diskret in de Tasch. Immerhin, eine präzise Personenbeschreibung. Migrationshintergrund ausgeschlossen. Es muss jemand von hier sei. Extrem deutschstämmig.

Sie durchkämme mit ihre Stablampe den Stadtpark. Leuchte über Kirschlorbeer- und Buchsbüsch in Banknische. Sie entschuldige sich paramilitärisch verdattert, aber höflich bei'me junge Liebespaar beim Vollzug. Hand ans Kappeschild. „Oh, hoppla! Verzeihung!" Schieber zurück. Lamp aus. Weiter. Öffentliches Ärgernis, klar. Aber die Fahndung nach dem mögliche Triebtäter hat Vorrang.

Sie fahre langsam durch die Fußgängerzone. An der Metzgerei Wipfler vorbei. Trübes Licht im Schaufenschter. Nur Punktstrahler, dass mer die zwai gerahmte Preisurkunde von der Handwerkskammer sieht. Goldmedaille für Griebewurscht, Bronze für Schwartemage. Rückwärtsgang nach zehn Meter. Der jüngere Beamte steigt aus. Hat er doch recht g'sehe! Der Keilerkopf g'hört net zur Dekoration. Er lehnt von auße an de Scheib. Jemand hat ihn auf dem Sockel deponiert. Von wege blutiger Rumpf, frisch abgetrennt. Nur e staubige Holzplatt mit vier Löcher, in dene noch Schraube mit vergipste Rille hänge. Die Beamte ware beinah e bissl enttäuscht.

Der Fall war klar: Der Saukopf war ausgedientes Deko-Material. Übermorge Sperrmülltermin. Der Wipfler hat ihn vorsorglich rausg'stellt. Wurde dabei beobachtet. Personenbeschreibung passt genau. Als passionierter Hobbyjäger tragt er gern alpenländische Kluft. Oft sogar hirschlederne Kniebundhose. Der offene Hoseschlitz? Der Wipfler hat sich's vorm Fernseher bequem g'macht. Wieso soll er extra sei Hos zumache, wenn er nur kurz vors Haus geht? Dass er sich in schamverletzender Weise genähert hat, kann sei. Aber bestimmt net absichtlich. Und einen verwirrten Eindruck macht der um diese Zeit immer. Jedenfalls für Leut, die nüchtern vom Theater komme. Sie habe den Eberkopf als Sperrmüllgut vom Wipfler zurückg'stellt. Aktion beendet. Kurzbemerkung im Protokoll.

Kaum sin die Rücklichter um d'Eck verschwunde, stolpert der Erwin über drei Treppestufe mitte in die Gass. Kreideweiß. Von der linke Hand tropft Blut. Von'me dunkle Hausflur aus hat er alles verfolgt. Wie er sein Hoselade zumache will, kriegt er s'Überg'wicht, wär beinah kopfüber aus dem Versteck gekippt. Beim blinde Haltsuche langt er blöderweis in en Briefkaschteschlitz. An dem scharfkantige Blech hätt er sich schier d'Finger abg'schnitte. Zum Glück ware die Sehne net durch. Des wär das Aus als Zitherspieler bei der Stubenmusik vom hiesige Heimatverain g'wese. Grad jetzt, wo er sogar im Fernsehe war. Bei de SWR Landesschau Baden-Württemberg. Net lang, nur etwa neunzig Sekunde beim Abspann. Immerhin, des war beim Fernsehe viel. Vor allem, sie habe ihn net nur als Musikant, sondern als preisgekrönten Mundartdichter extra vorg'stellt. Kürzlich hat er bei'me regionale Mundart-Wettbewerb den erschte Preis in der Sparte Lyrik g'wonne.

Nach dem zwaite Schreck in der Nacht hat ihn sei Frau zur Notfall-Ambulanz ins Diakonissenkrankehaus g'fahre. Aber so, dass beim Losfahre an dene viele Ample jedesmol des Getriebe kracht. „Des zieht! Die Schmerze!", hat er g'stöhnt. Sie hat rübergezischt: „Die müsste noch viel schlimmer sei!" Bei Gelb hat er g'schrie: „Fahr drüber!" Sie bremst, dass er im Gurt hängt. „Lass die Hand mit dem Lappe obe! Herrgott, es muss doch net sei, dass die Polschter versaut were! So Blutflecke gehe nimme raus!" Beim Krankehaus sucht sie nach'me Parkplatz. Er ruft verzweifelt: „Fahr direkt vor de Ei'gang! Lass mich dort raus! Bevor ich verblut!" Sie beim Einparke rückwärts: „Verblute? Schöner Tod. Du schlof'sch praktisch ei. Spür'sch schon was? Wir'sch müd? – Guck mol, ob's hinne rechts bei dir langt!"

Sie habe die Schnittwunde vernäht. Nach're Stund kommt er aus dem Behandlungsraum. Aus dem dicke Verband gucke die jodgelbe Fingerspitze, zwische dene des

AOK-Kärtle klemmt. Er lasst es vorsichtig hin un herkippe. Nur um ihr zu zaige, dass er die Finger noch bewege kann. Gott sei Dank. Sie sagt nur: „Mehr Glück als Verstand. Gib des Kärtle her, sonscht isch's fort!" Er war erleichtert. Er wollt schwätze. Aber sie net. Endlich dehaim. Sie hat die Schlofzimmertür net grad hinner sich zug'schlage, des net. Aber doch so hart ins Schloss gezoge, dass ihm klar war, er sollt besser drauße bleibe. Im Wohnzimmer hat er's sich auf der Couch bequem g'macht. Aber er hat net schlofe könne. Die örtliche Betäubung in der Hand hat nachg'lasse. Er könnt sich des Filmle von seinem SWR-Auftritt nochmol a'gucke. Die DVD hat er sich vom Sender schicke lasse. Er holt die Hüll mit der Aufschrift ‚Unterwegs im Ländle. Heute wo?' aus'm Regal. Im Schnell-Lauf lasst er die Bilder durchrenne. Bis kurz bevor die Stell mit ihm kommt. Dann Normalgeschwindigkeit. Die Szene in der Küche vom Lamm.

Er hat damals hinner der Kamera beim Drehe zugeguckt. Für die Minut Sendezeit habe siebe Leut eine Stund lang g'schafft. Mit Umbau noch länger. Regisseur, Moderatorin, Kameraleut, Beleuchter, Tontechniker, die Frau von der Mask. Alle ware mit de Nerve am End. Sie hätte die kurze Szene gern zügig durchgedreht. Aber es geht nur stückles-weis. Es haißt kaum „Achtung. Kamera läuft – jetzt!" schon kommt „Stopp! Aus!"
Die Lydia in ihrer geblümelte Kittelschürz am Mittelherd. Sie war extra beim Frisör. Dauerwelle getönt, sogar mit Strähne. Die Moderatorin, eine quirlige Frohnatur namens Tanja Schwerdtle, sagt mit schwäbischem Akzent in die Kamera, die Stimm achtungsvoll gedämpft: „So, jetzt send m'r quasi im kulinarischen Herzkämmerle der Traditions-wirtschaft Zum Goldenen Lamm. In Familienbesitz seit wie-viele Generatione, Frau Rupp?"

Die Lydia hat plötzlich den gelbe Schaumgummi-Bolle vom Mikrofon vor de Nas. Sie zuckt weg, wedelt durch den Soßedampf. „Drei", sagt se ohne hochzugucke. Des Mikro lauert, ob noch was kommt. Aber des war alles. „Stopp! Aus!"

Schreckleru (?)

Des Schwäbisch von der Frau Schwerdtle hat was Absichtliches. Soll heimatlich und volkstümlich klinge. „Frau Rupp, könntet Sie des eventuäll in me kloine Sätzle sage? Es däd oi'fach freundlicher rieberkomme Sie dürfet au ruhig e bissle äbbes dezu verzähle. Ond dra denke, gäll, mi debei a'gucke! Mir unterhaltet uns ganz normal. Probieret mer's nomol." Stille. „Kamera läuft!"

Gleiche Frage. Die Lydia: „Seit drei Generationen, wie g'sagt." Blickwechsel zwische Schwerdtle und Regisseur. „Aus!"

„Frau Rupp, Sie könnet net ‚wie g'sagt' sage. Mir drehe doch die Szene neu! Die Zuschauer wisset net, dass Sie des scho g'sagt habe. – Alles nomol von vorne!"

Diesmol hätt's beinah geklappt. Wenn der Lydia net ei'gfalle wär, dass sie noch was verzähle sollt. Oder sogar müsst. Die Tanja Schwerdtle hat des Mikrofon net schnell genug weggezoge. Die Lydia überlegt sichtlich verzweifelt. Es platzt aus ihr raus. „Aber nimme lang! Nächscht Woch mache mer zu. Es rentiert sich nimme. Dann noch des. Mein Mann kann nimme lang steh. Arthrose. An baide Knie operiert. Wahrscheint's verpfuscht. Aber bitte, ich will nix g'sagt habe – im Fernseh." Der Regisseur gibt hektisch Signal zum Weitermache. Schneide!

Die Schwerdtle überbrückt professionell. Sie lächelt wie vorher. Gleichbleibend freundlicher Tonfall. „Heute führet Sie also das Zepter, besser g'sagt, schwinget den Kochlöffel im Lamm. Was gibt's denn heut Feines?" Die Lydia: „Saure Kuttle mit g'röschte Krumbiere." Die Moderatorin bricht irritiert ab.

Im Vorgespräch sei vereinbart g'wese, dass es Rehbraten aus heimischer Jagd gebe sollt. Die Lydia entschuldigt sich barsch. Des sei halt noch vor der Knie-Operation von ihrem Friedrich g'wese. Wildesse hätt immer er g'macht. Aber des sei scho lang her. „Esse über zwölf Euro brauche mir garnet uff d'Kart setze. Sonscht koche d'Leut lieber dehaim. Oder lasse sich vom Chines Peking-Ent in de Styropor-Schachtel bringe. Vom Italiener Pizza in de Pappedecklschachtel. Kai G'schirr, billig, Wein vom Aldi." Was bei ihne noch oft verlangt wird, sei halt Zigeunerschnitzel. Oder mol Cordon Bleu mit Krokette. Züricher G'schnetzeltes. Besonders am Muttertag. Mit Spätzle. Früher handg'schabt. Heut in Gottsname aus'm Päckle. „Mir lasse die Kocherei langsam auslaufe. Verschaffe noch die Vorrät. Die Kuttle ware ei'gfrore. Normal mache mer nur noch kalte Küche. Viel Wurschtsalat. Des isch heut e Ausnahm", sagt die Lydia. Im Team herrscht Ratlosigkeit. Der Regisseur putzt mit'm Zipfel vom Seideschal sei Brill, die am Kettle um de Hals hängt. Sie habe sich bei der Location getäuscht. Die Tanja Schwerdtle stellt gedanklich ihre Moderation um. „Also gut, Frau Rupp. Aber könntet Sie statt ‚geröschte Krumbiere' vielleicht ‚Bratkartoffeln' sage? Sie müsset ihren Dialekt net unnerdrücke. Nur soweit, dass es unsere Zuschauer im Sendegebiet oinigermaße verstehe könnet. Au die Nei'gschmeckte." Position wie gehabt. „Ruhe! Kamera läuft!"

Die Lydia: „Sauere Kutteln mit ... Bratkartoffel." Schwerdtle in die Kamera: „Wo krieget Sie des heut no? Aber so ischt des im Lamm. Do wird no kompromisslos nach alter Tradition gekocht. Deftig, bodeständig un ohne neumodische Fürz. Gäll, Frau Rupp?" Die Lydia nickt, stochert in ihrem Topf. Die Tanja Schwerdtle: „Kuttle. Net jedermanns Sach. Aber ..." Sie zieht genießerisch die Augebraue hoch. „Mit frische Zutate, regionalen Produkten aus biologisch ..." Die Lydia guckt hoch. „Die Kuttle kriege mer vom

Schlachthof. Vacuumverpackt im Fünf-Kilo-Sack. Schon geputzt." Das Team stutzt. Sekundenlang unschlüssige Erstarrung. Bis der Regisseur zum Weiterdrehe rumfuchtelt. Vom stumme Schreie fallt ihm die Brill vom G'sicht. Die Moderatorin nickt. Hat kapiert. Sie holt Luft lächelt. Genießermiene wie vorher, dass der Anschluss stimmt. Neuer Text: „Aber mit Liebe zubereitet, nach altbewährtem Rezept, wird daraus eine wahre Delikatesse. – Darf man Ihne mal über die Schulter schauen, Frau Rupp?" Die Lydia hätt ‚Bitte, gern' oder sowas sage solle. Stattdesse sagt se brummig: „Von mir aus. Gucke Se halt! Aber do sehe Se net viel." Sie lasst den Kochlöffel im Kutteltopf stecke, geht mit drei Schritt aus'm Bildbereich. Der Regisseur kreuzt d'Ärm überm Kopf, hackt runner. „Aus! Pause! Zehn Minuten!"

Die Techniker rauche im Hof. Batterie auswechsle. Die Visagistin erneuert des Make-up bei der Lydia. Die sträubt sich. „Muss des sei?" – „Ja. Wegen der Scheinwerfer. Sie haben etwas transpiriert." Die Frau Schwerdtle zur Lydia: „Denket Se dra, Frau Rupp. M'r hend's glei. Ganz entspannt in Ihrer Küche schaffe. Ganz natürlich ond e bissele freundlich agiere."

Dass des bei der Lydia net gleichzeitig geht, hat se net wisse könne. Wo die Lydia natürlich war, war se net freundlich. Und umgekehrt. Vor'm Weiterdrehe habe se mit Filzschreiber in fette Druckbuchstabe großformatige Spickzettel für die Lydia g'schriebe. Die Visagistin sollte die Textblätter hinner der Kamera so hochhalte, dass die Lydia ihre Antworte unauffällig ablese könnt. Die hat ihr Brill aus de Kittelschürz gezoge. Die Tanja Schwerdtle hat ihr mühsam erklärt, dass des net geht. Sie könnt in der kurze, zusammenhängende Szene net plötzlich mit're Brill rumlaufe. „Wege der Kontinuität, dem logische Ablauf, verstehe Sie?" Die Lydia hat nur rumgebruddelt. „Wenn i des vorher g'wüsst hätt! Des Fernseh wär mir garnet ins Haus komme.

So ein Umtrieb! So eine Kugelfuhr! Jetzt, wo mer den Lade sowieso dicht mache! Was nützt uns die Reklame im Fernsehe noch?" Die Frau Schwerdtle besänftigt. „Gucket Se, Frau Rupp, mir schicket Ihne des Filmle zu. No hend Sie eine schöne bleibende Erinnerung. Sie und Ihr – Friedrich." Die Lydia schluchzt. Die Frau von der Mask ruft: „Bitte nicht weinen! Das Make-up!" Die Tanja hat die Lydia kurz in de Arm g'nomme. Blick zum Aufnahmeteam. Sie male die Buchstabe dicker, bis die Lydia ihre Antworte ohne Brill lese kann. Es geht weiter. Position wie gehabt. „Ruhe! Kamera läuft!"

Die Schwerdtle: „Jetzt spiel i mol Topfgucker." Die Pfann mit de Bratkartoffel groß von obe im Bild. Kommentar: „Wunderschöne, goldbraune Bratkartöffele." Kamerablick in den Kutteltopf. „Ah, die Kuttle wäret au so weit. Wie des duftet! Schad, dass es noch kein Geruchsfernsähe gibt, liebe Zuschauer." Stichwort für die Lydia. Die soll jetzt mit'me Löffele abschmecke, dann nochmol würze. Sie langt weisungsgemäß in e Blechbüchs überm Herd, die mer im Bild net sieht. Sie streut was in den Hafe mit de Kuttle. Nebe der Kamera geht schon des Plakätle mit ihrem Antworttext hoch. Sie schielt verhetzt rüber. Den muss sie sich kurz merke, bevor die Frage kommt. Dann kann sie nimme ablese, weil se bei der Antwort die Tanja Schwerdtle a'gucke soll. Sogar mit einem irgendwie verschmitzten Lächeln, wenn's geht. Überm Kopf von der Visagistin spannt sich des Blatt Papier. Sie lest. ‚Top secret. Das ist ein Küchengeheimnis. Aber weil Sie's sind: ...'. Bei dene Pünktle sollt sie irgendein Gewürz sage. Die Schwerdtle: „Was machet Sie jetzt noch da hinein, was für ein Kräutle oder Gewürzle?" Die Lydia schnell, beinah zu früh, weil sie ihr Antwort aus'm Kopf habe will: „Ein Top-Geheimnis. Ein Küchensekret: Knorr gekörnte Brühe." Des ganze Team erstarrt, sackt in sich z'amme.

Jetzt in dem fertige Filmle kommt alles ganz glatt rüber. Hut ab vor dene Fernsehfritze! Die Lydia sagt nur: „Basilikum, frisch aus'm Garte." Des war so vereinbart. Ohne Spickzettel. Die Schwerdtle: „Do derf i nachher mol probiere, gäll, Frau Rupp." Die Kamera folgt ihr Richtung Tür zum Schankraum. „Aber vorher gucket mer mol, was die Gäscht drauße so machet." Die Tür schließt sich hinner ihr. Exakt in dem Moment ruft der Regisseur: „Aus! Schnitt! Küche, Frau Rupp abgedreht! Szene im Lokal! Umbau!"

Der Erwin rutscht zur Sofakant, beugt sich vor. Gleich kommt er. Die Tanja Schwerdtle schlendert mit'm Mikrofon durchs Lokal. Lächelt fröhlich nach alle Seite. Wiegt sich im Takt von der Stubemusik. Sie spiele einen Ländler, den ‚Geistäler Bauerntanz'. Gitarre, Klarinette, er an der Zither. Alle trachtenmäßig ausstaffiert. Die Lisbeth sogar mit Kropfkette. Der Schankraum brechend voll. Die Leut hocke Schenkel an Schenkel, gucke Richtung Kachelofe. Der Aufnahmetermin war im hiesige Ortsblättle unner der Überschrift ‚Das Fernsehen kommt!' groß angekündigt. Es gäbe eine begrenzte Zahl von Gratis-Karte beim Kulturamt im Rathaus. Manche zwinkere in die Kamera oder winke verstohle in Hüfthöhe. Obwohl se des ausdrücklich net sollte.

Ein Tisch mit junge Leut, vom Fernseh quasi von der Straß weg als Komparsen engagiert. Essen und Getränke frei. Nur dass die Moderatorin sage kann: „Generationenkonflikt? – Im Lamm Fehlanzeige! Do hocket Jung und Alt no einträchtig z'amme, gäll." Der Jojo brummt übers Bierglas weg zwische de Elleboge ins Mikrofon: „Jojo, passt scho." S'Mikrofon wandert zum Bifi. Der kriegt garnix mit, weil er mit dem Stöpsel vom MP3-Player im Ohr unner der Tischkant rumsimst. Die Musik klingt aus. Der Regisseur gibt Signal zum Applaus. Schankraum in der Totalen. Alle klatsche. Die Junge übertreibe aus Jux. Sie trample mit de Füß, johle, pfeife durch d'Finger. Wie bei'me Popkonzert.

Tadelnde Blicke vom Honoratiorentisch. Aber in solche Sendunge derf mer net bös gucke. Der Regisseur legt de Finger über d'Lippe, dämpft de Beifall mit der linke Hand. Genug, des langt! Nur die Schwerdtle klatscht noch abschließend. „Was mir grad g'hört habe, war die Stubenmusik vom Heimatverein." Sie stellt die Kathrin vor. „Des ischt die Kathrin. – I derf doch no Du zu Dir sage?" Die Kathrin nickt, reibt des Mundstück von der Klarinett am Dirndlrock trocke. „Wie alt bi'scht Du denn, Kathrin?" Die streicht über ihre blonde Zöpf, haucht: „Elf". – „Ja so äbbes! Ond no ka'sch Du scho so toll Klarinätte spiele? Wo ha'sch des g'lernt? – Guck ruhig in die Kamera!" – „In de Musikschul. Beim Herr Zippelius." – „Ischt der heut im Publikum?" – „Ja. Dort." Der Zippelius drückt sich halb vom Stuhl hoch. Verbeugung. Applaus. „Weiter so, Kathrin. Fleißig übe, gäll!" Jetzt wendet sich die Schwerdtle der Lisbeth zu. „Frau Holzmüller, Sie sind – also des sag ich jetzt mit einer gewissen Ehrfurcht – Hebamme von Beruf. Beim erschte Schnaufer send Sie dabei." Des Mikrofon wartet vor dem prall g'füllte Dirndl-Ausschnitt mit weiße Spitzebordüre, dass die Lisbeth was dezu sagt. Aber des war keine Frage, deshalb nickt sie nur, zupft verlege an ihrem sehenswerte Dekolleté rum. Kamera schräg von obe. In dem Rüscherändle wie Praline in'me Präsentkörble, denkt der Erwin. Die Tanja überbrückt, leitet g'schickt über. „Aber heut hauchet Sie mit Ihrer Gitarre dem Trio Läben ein, sorget für den richtige Rhythmus." Vom Tisch mit'm Jungvolk kommt Gelächter. „Wahnsinn! Des groovt saumäßig!" Der Bifi natürlich.

Achtung! Jetzt seine Szene! Der Erwin stellt lauter. Die Tanja Schwerdtle schwingt sich nebe ihn aufs Kachelofebänkle. „Grüß Gott, Herr Schultheiß!" Er macht ihr übertriebe Platz, lasst beinah en Schnalzer von ihr weg. Sie lacht: „Bleibet Se nomme sitze. I beiß net!" Er, schlagfertig: „Also von Ihne däd ich mich gern beiße lasse."

Wege der Bemerkung hat er später mit seiner Frau Krach kriegt. Er hätte sie in der ganze Stadt, ach was, im gesamte Sendegebiet blamiert. Vor Millione von Zuschauern bloßgestellt! Sage, dass mer sich von're fremde Frau gern beiße lasse wollt! Er sollt sich mol überlege, was des für ein Licht auf ihre Beziehung wirft! Außerdem sei des primitiv. Des typische G'schwätz von so alte Simpl! Welche Frau, bitte, wollt ihn denn noch beiße? Sie weigert sich bis heut, des Filmle a'zugucke. Dass er vor der Aufnahme zur Lockerung, gege des Lampefieber, vielleicht einen Asbach zuviel getrunke hat, lasst sie als Entschuldigung net gelte. Er kann schwätze was er will.

Moderatorin und er im Halbprofil. Sie proste sich zu, stoßen an. Wie besproche und vorher kurz durchprobiert. Er hebt des Weinglas ganz unne am Stiel, dass es richtig klingt.

„Erschtmol zum Wohl allerseits!" Sie guckt in die Runde.

„Auf Ihr Spezielles, Frau Schwerdtle. Oder derf ich Tanja sage?"

„Dürfet Sie!" Blick in die Kamera. „So ischt die Atmosphäre im Lamm. Do kommt mer sich schnell näher. – Des ischt der Erwin Schultheiß."

„Erwin langt."

„Ein Original, ein hiesiges Urgestein. Und ein absolutes Multi-Talent."

„Übertreibe Se net, Tanja. Ich krieg jo en rote Kopf."

„Keine falsche Bescheidenheit! Sie spielet die Zither, komponiert sälber, wie mir grad g'hört habe. Des Stück war von Ihne, gäll?"

„Jawoll! Stelleweis scho. Also überwiegend."

„Gelägentlich singet Sie au, begleiten sich auf der elektronischen Orgel, so einem Keyboard, hab ich mir sage lasse."

„Von wem? – Gut, des kommt mol vor. Zu fortgeschrittener Stunde. Aber rein privat. Zum Vergnüge."

Des war eine saudumme Frog. Dass er ab und zu als Alleinunterhalter bei Geburtstäg und Hochzeite was dazu verdient, muss des Finanzamt net wisse. Die Schwerdtle wechselt zum Glück das Thema.

„Und so ganz näbenbei führet Sie au no einen mittelständischen Betrieb. Mit wieviele Angestellte?"

„Acht fescht. Zeitweis, je nach Auftragslage, noch drei ausländische Arbeitskräfte. Zwei Polen, ein Rumäne. Aber ehrliche, fleißige Leut, Also do gibt's nix. Ich sag des nur, weil mer immer sagt, die ..."

„Des ischt ein Maler- und Gipsergeschäft, gäll?"

„Jawoll! Aber mir mache alles. Stuckarbeiten, Fassadensanierung, Wärmedämmung, Beseitigung von Kältebrücken, Trockelegung, Schimmelbe ..."

„Herr Schultheiß, mir müsset uns leider e bissle beeile. Unsere Sendezeit läuft ab."

„Ja klar. Nur kurz noch unser Firmenslogan: ‚Wütet Schimmel in der Mauer, Schultheiß liegt schon auf der Lauer'. Stammt von mir."

Er waiß noch, dass er des g'sagt hat. Des fehlt jetzt. Habe se komplett g'schnitte. Unerlaubte Werbung. In dem Film sagt er nur ‚Ja klar'. Die Schwerdtle macht weiter.

„Jetzt send Sie au no unter die Dichter g'ange, Herr Schultheiß. Kürzlich hend Sie bei einem Mundartwettbewerb vom ‚Arbeitskreis Heimatpfläge' des Regierungsbezirks den erschte Preis g'wonne. Für Ihr Gedicht ‚Uff mei'm Gartebänkle'. Tolle Sache! Glückwunsch! – Des ischt einen Applaus wert!"

Wirtschaft in der Totalen. Alle klatsche. Sogar der Jojo schiebt sich schnell e Bündel Pommes in de Mund, dass er d'Händ frei hat. Bloß der Bifi muss natürlich telefoniere. Mit'm linke Finger im Ohr. Kamera zurück zum Tisch.

„E bissle stolz derf mer do scho sei, Herr Schultheiß, oder?"

„Ja, scho. Aber Sie wisse doch: Bescheidenheit ist eine Zier. Ach übrigens, bevor ich's vergess. Wenn ich des noch sage derf – meine Gedichte komme demnächscht in'me Büchle raus. Von mir selber illuschtriert. Als Vorwort die Begründung der Jury. Des nebebei."

„Gut, Herr Schultheiß. Momentan ischt Ihr Büchle no im Druck. Schade. Sonscht könnt i des jetzt in die Kamera halte."

„Beim Heimatverein, Kulturamt und im einschlägige Handel, in unserem Buchlade und im Schreibwareg'schäftle erhältlich ab ..."

„Die Zeit drängt e bissle, Herr Schultheiß. Immerhin, des Manuskript hend Sie vor sich liege, wie ich säh."

„Jawoll! Ich hab's halt mol mitg'nomme."

„Dürft ich Sie bitte, uns zum Abschluss eine kleine Koschtprobe Ihres dichterischen Schaffens zu Gehör zu bringe? Vielleicht grad des prämierte Gedichtle?"

„Aber gern, liebe Tanja."

Die Kamera zoomt ihn her. Sein Kopf beinah bildschirm-füllend, rotverschwitzt. Herrgott, d'Leut habe Recht. Die Härle in de Nas! Er wollt se noch mit dem Nagelscherle rausschneide. Aber schön lest er vor. Er hat's oft vor'm Spiegel geübt. Langsam, mit Betonung und bedeutungsvolle Pause, wo er in die Kamera guckt. Ohne einen Versprecher. Jetzt, beim Sichzugucke, deklamiert er nochmol halblaut mit:

Wenn ich als am Sommerobend
nach des Tages Müh und Hitz
mit'me Sechserträgerle Export
uff mei'm Gartebänkle sitz
dem morsche, alte
im Schatte von dem Hollerbusch
der mattweiß blüht

legt sich mei Stirn
in sehnsuchtsvolle Falte
zieht mir süß des Wörtle Heimat
die Kinnerzeit im Städtle
durchs Großerpflinger Gemüt
bei so manchem kühle Schluck
ins grüne Tal ich guck

mei Städtle war noch net saniert
war vom Tourismus unberührt
graue Eternitfassade
windschiefe Fenschterlade
Schlaglöcher noch und nöcher
uff de Straß noch Rossbolle
unser Bach von Waschbrüh verdreckt
zu uns hätt niemand komme wolle
in der gute alte Zeit
heut komme d'Leut von nah und fern
Holländer besonders gern
die Fremde habe uns entdeckt
hell glitzert der Forellebach
Solarzelle uff manchem Ziegeldach
des Städtle liegt im Tal
wie g'schleckt

mei Gärtle isch net groß
sechs, siebe Ar hat's bloß
hängt schräg am Bergesrand
vom Bänkle geht mein Blick
zum Friedhof linker Hand
nach rechts zum Glück
weit ins Franzoseland
ich gäb's net her, des Plätzle
net für viel Geld

kein Schlosspark wär's mir wert
des isch mei Fleckle Heimaterd
mein privater Sperrbezirk
vor der globalisierte Welt

Des ‚Großerpflinger' habe se in der Sendung überpiepst.
Klar. Den Ortsname sollte die Zuschauer schließlich erraten
und ei'schicke. Es gibt immer böse Zunge. Hinner sei'm
Rücke habe manche g'sagt, der Piepser sei in dem ganze
Gedicht die beschte Stell g'wese.
Bei de letschte Gedichtzeile habe se sei Stimm langsam
ausgeblendet. Immer leiser. Ihn sieht mer nimme. Er
schwätzt aus dem Off. Dabei wandert die Kamera von sei'm
Kopf hoch über die grüne Ofekachle zu dem Wildsaukopf
vom Lamm. Schlussbild vor der Abmoderation. Den Bild-
wechsel hätt mer kaum g'merkt, habe e paar Schandmäuler
g'sagt. Sie hätte den verwirrende Eindruck g'habt, als hätt
der Eberschädel sei Maul bewegt, hätt des Gedicht zu End
g'schwätzt. Wie im Märchentrickfilm. Oder wie der kapitale
Hirsch in dem Werbespot für'n Magebitter. Computerani-
mation. Bitte, des ging heut alles.
Er drückt den Fernseher aus. Die Betäubungsspritz ver-
liert an Wirkung. Es brennt, klopft, zieht in seiner linke
Hand. Er kann lang net schlofe. Durch die Tür hört er sei
Frau schnarche.

Inzwische isch sei Büchle erschiene. Vom Verkauf hätt
er sich mehr erwartet. Nach dem Fernseh-Auftritt. 1000
Exemplare hat er als Startauflage im Selbstverlag drucke
lasse. Die Gemeinde hat vorneweg 30 Stück abg'nomme.
Signiert, mit Mengenrabatt. Als Zusatzpräsent für Dienst-
jubiläen. Die vom Heimatverein habe aus kameradschaft-
licher Solidarität paar Büchle gekauft. Gemeinnützige Ver-
eine habe ihn um eine Buchspende für ihre Tombola

gebete. Des wär's soweit g'wese. Halt! Bei einer Signier-
stunde samstagmorgens in unserm Buchlädle ‚Leseratte' hat
er vier, fünf Büchle unner d'Leut gebrocht. Dort hab ich
meins gekauft. Aus Versehe. Irrtümlich, könnt mer sage.
Ich hab in der Eck mit Regionalliteratur nach einem
Weinführer für die Südpfalz geguckt. Mit praktische Tipps.
Adresse von Winzerhöf, Kurzbeschreibung des Wein- und
Speiseangebots, Öffnungszeite, Übernachtungsmöglichkeit.
Wenn ja, Zimmerpreis, Anzahl der Betten. Dass ich in meinem geplante Kurzurlaub net jede Nacht über die Rhein-
brück bei Maxau haimfahre muss. So krieg'sch kai Urlaubs-
g'fühl. Grad will ich mich bei einer Verkäuferin erkundige,
ob's sowas auch grenzüberschreitend gäbe, mit Nord- und
Mittelelsass. Falls mich des Fernweh überkommt. Genau in
dem Moment seh ich den Schultheiß Erwin an seinem Sig-
niertischle sitze. Weiß gedeckt, Feldblumesträußle, Sprudel
und Weißwein für Schorle. Liebevoll gerichtet, alles. Typisch
Frauenbelegschaft. Der Erwin wirkt in der Umgebung e
bissl verlore, spielt mit sei'm Signierkuli. An dem Morge
fehlt's net an Kundschaft. Viel Betrieb im Lade. Aber die
Leut drücke sich an ihm vorbei, gucke krampfhaft weg,
sobald sie ihn sehe. Erinnert mich an den Blick, mit dem
man zügig und leicht verärgert an Bettler in der Fußgängerzone vorbeigeht. Wahrscheinlich war die Signierstunde in
den Medien net genug angekündigt. Im Ortsblättle hab ich
nix g'lese. Sonscht wär ich net grad zwische elf und zwölf
Uhr samstags in die Leseratte komme. Zu spät. Der Erwin
sieht mich, wie ich am Regal, mit'm Rücke zu ihm steh. Ich
blätter scheinbar int'ressiert, aber in Gedanke schon weg, in
sei'm Büchle rum. Grad will ich's auf den Stapel zücklege,
um diskret zu verschwinde, steht er nebe mir. „Ralf, wie?
Komm, gib her! Signier ich Dir, klar. Kein Thema! Deshalb
bin ich hier. Mit Datum?" Ich sag: „Net nötig. Name langt."
Schon schreibt er mit seiner wenig schwungvolle, aber gut

lesbare Handwerkerschrift ‚Für Ralf. Vom Erwin Schultheiß‘. Ich zieh mein Geldbeutel. „Was krieg'sch?" Er sagt: „Zahle vorne an de Kass. Schön's Wocheend." Ohne die persönliche Widmung hätt ich des Büchle unnerwegs irgendwo zwische dene Regale unauffällig abg'legt. Zwölf Euro Umgerechnet wär des eine Portion Schnitzel mit Pommes und Salat, dezu noch knapp ein Viertel Königschaffhausener Spätburgunder. Oder eine Forelle Müllerin Art mit einem Achtel Klingelberger Riesling. Jedenfalls dort, wo ich esse geh. Aber gut, so derf mer als kulturinteressierter Mensch net denke, hab ich mir g'sagt. Der Mensch lebt nicht vom Brot allein.

Mit dem Pfälzer Weinführer z'amme hab ich 28 Euro bezahlt. Ich hab mir einen Sachbuchbeleg fürs Finanzamt ausstelle lasse. Der junge Mann hinner de Kass wollt wisse, was er als Buchtitel schreibe sollt. „Die Originaltitel, was sonscht?", hab ich g'sagt. „Mit Verfasser." Er hat gezögert. Sachbücher seie des halt net. Also ob des Finanzamt ... „Sie müsse jo net Schönschrift schreibe!", hab ich g'sagt. „Gebe Sie mir des Blöckle mol rüber!" Ich hab in fünf Sekunde zwai Schriftzüg gekritzelt. Böge, Schlaufe, Wellelinie, Überlänge. Des ‚Prof.‘ vor ‚Schultheiß‘ hätt notfalls auch ‚Rolf‘ haiße könne. „Jetzt Stempel drunner! Fertig!" Der Azubi hat geguckt, als hätt er was g'lernt.

Des Schultheiß-Büchle liegt seither auf einer Ablag in mei'm kombinierte Bade-Klozimmer. In bequemer Reichweite von der Kloschüssel. Mit annere Drucksache, die ich so häpplesweis les. Je nach Verdauung.

Der Bifi hat kürzlich des Büchle bei mir entdeckt. „Ha sag mol, Vadder", hat er durch die g'schlossene Tür g'rufe, „le'sch Du sowas?" Ich hab drauß im Flur sinngemäß aus dem Vorwort zitiert. „Du, die Gedichte sin stelleweis richtig modern, auch zeitkritisch – horch, komm raus! Dei Handy klingelt!" – „Geh halt dra!" – „Wo soll i denn drücke?" – „Grünes Knöpfle obe links!" – „Do passiert nix!" – „Des gibt's net! Wer isch's denn?" – „Woher soll ich des wisse?" – „Vom Display!" – „Ah ja, da steht ebbes.

Mei Brill!" – „Lass, Vadder, ich ruf z'rück!" Die Spülung geht. Er kommt raus, schnappt mir des Handy weg. Kurzer Blick, er strahlt. Daumendruck. „Hi, Schatz! Wo bi'sch?" Eine Stimm wie Nutella. „Ich Dich a ... Du mir a ... Du, ich freu mich. Du Dich a?" Er schwätzt leiser, schmatzt Küssle ins Telefon. Seine Jeans falle ihm runner. Mit der Hos um die Fußknöchel schlurft er beim Telefoniere durch den lange Flur zu mei'm Schlofzimmer. „Schweineteuer. Pass uff, drück druff, Schatz. Ich ruf Dich glei z'rück!" Er zieht sei Hos hoch, schließt den Gürtel. „Horch, Vadder, kann ich dei Telefon kurz habe?" – „Von mir aus. Hier!" Er zieht die Tür vom Schlofzimmer hinner sich zu. Ich bin froh, dass ich des Gesülze nimme mit anhöre muss.

Es dauert. Ich guck uff d'Uhr. Nach einer gute Viertelstund erscheint er endlich, fröhlich, beschwingt. „War des Deine neue Liebe?" Er nickt, noch rot vor freudiger Erregung. „Die könnt'sch mir ruhig mol vorstelle!" Er hat's plötzlich eilig. „Habt Ihr Euch verabredet?" – „Ja. Für morge früh. Ich hol sie in Frankfurt ab. Vom Flughafe. War mit einer Freundin sechs Woche in Malaysia." – „Wo? In Malaysia? Wieso des?" – „Urlaub halt. Trekking. Rucksack-Tour quer durchs Land. Geil, oder?" – „Als könnt mer bei uns net überall wunderschön wandere!" – „Ja, durch den Dschungel in der Pfalz!" – „Sechs Woche. Hat die so lang Urlaub?" – „Semesterferien! Studiert noch an der PH." – „Du hätt'sch a studiere könne!" – „Bitte, Vadder, net die alte Leier!" – „Und woher nemmt die des Geld? Sin ihre Eltern gut g'stopft?" – „Ach was! Die jobbt viel nebeher. Außerdem, in solche Länder brauch'sch kaum Geld. Teuer isch nur der Flug." – „Aha. Also des muss ich sage: Mutig, mutig, die

Mädle heutzutag – Moment mol! Dann ha'sch Du also grad nach Malaysia telefoniert, Mensch!" – „Ja klar Kuala Lumpur. Des isch die Hauptstadt." – „Herrgott, ich waiß! Ich bin gut in Geographie! Ein ziemlich fernes Ferngespräch!" – „Was hasch'n plötzlich, Vadder? Des war doch nur ganz kurz " – „Kurz? Genau achtzehn Minute hat die gemütliche Plauderei um den halbe Erdball gedauert! Von meiner Bettkant in Großerpflingen nach Kuala Lumpur! Wo mer morge stundenlang umsonscht schwätze kann!" – „Bi'sch mit der Stoppuhr drauße in de Küch g'hockt? Hey, Vadder, sie wollt halt mei Stimm höre!" – „Am Handy womöglich? Wird net billig, die Stimmprobe. Auf die Rechnung von de Telekom für des Geturtl nach Kuala Lumpur bin ich g'spannt!" – „Mein Gott, Vadder, war'sch Du noch nie verliebt?" Ich hab g'schrie: „Doch! Oft! Du wir'sch lache, sogar in Deine Mutter!" Er, so süß-sauer ironisch: „Klar. Ach so, ja. Sonscht gäb's mich jo net. Scheiße, gell? Deine Telefonrechnung wär wesentlich niedriger." – „Halt dei spitze Gosch, Kerle!" Es eskaliert. Er kippt sein Geldbeutel überm Tisch aus, dass des Hartgeld in mei Majolika-Obstschal klimpert, durchs Zimmer rollt. „Hier! Da! Ich bezahl Dir des G'spräch! Fuck, ey!" Des Impulsive, den Sinn fürs Theatralische hat er von seiner Mutter. „Spinn'sch Du? Sammel des Geld z'amme! Darum geht's doch garnet!" – „Worum denn dann?" Er war plötzlich kreideweiß. Die Naseflügel habe gebebt. Genau wie sei Mutter! Wie sich sowas vererbt! Die Temperamentsausbrüche aus'm Stand raus. Ich wollt ihm vorschlage, sich nochmol zu setze. Mer könnt in Ruh über alles rede. Wollte mich sogar bei ihm entschuldige, notfalls. Aber er war schon bei der Wohnungstür. „Wie heißt se denn aigentlich, die Superfrau?", hab ich ihm hinnerherg'rufe. Statt einer Antwort schlagt er die Haustür zu. Mit'm Bese hab ich die Münze unner de Schränk vorg'fegt. Es war nur ein symbolischer Betrag in Centstückle.

Wie der Bifi zu dem Wildsaukopf vom Lamm komme isch, waiß niemand so genau. Vom Sperrmüll, sagt er. An'me Freitagobend fahrt er eine Spur rasanter als normal bei Charly's Lounge vor. Vollbremsung. Des Kärrele ruckelt noch, schon springt er die drei Stufe hoch ins Lokal. Er kaut. Mit seiner halbe Tankstelle-Salami winkt er alle raus. Die ganze Clique bestaunt die Gallionsfigur, den mächtige Eberschädel am Kühlergrill. Mit der a'gebissene Wurscht als Zeigestock erklärt er, was er alles g'macht hat. Des ganze Vieh wasserdicht imprägniert. Dann mit Autolack schwarz übersprayt. Trockne lasse. Nochmol. Hier, die Stoßzähn, die Hauer. Fehlstellung korrigiert. Den rechte hochgeboge, verleimt. Perlweiß bemalt. Die Wurscht stupft gege die Auge. Dunkelrot. Hat er mit Nagellack von der Sarah überzoge. Für des Zahnfleisch, des mer seitlich vorne e bissl sieht, hat er rosa Acrylfarbe g'nomme. Durch Löcher in der Holzplatt ringle sich Kabel. Er macht e pfiffiges G'sicht. Alle ahne, der Gag kommt noch. Er streckt sich über d'Seitetür, legt einen Kippschalter am Armaturebrett um. Ein heiseres Gebrüll röhrt los. Die Wildsau-Auge blinke, flackere wie glühende Kohle. „Krass!", rufe alle. „Voll geil, ey!" Der Charly kommt aus'm Lokal g'saust. „Macht sofort des Ding aus! Seid Ihr wahnsinnig?" Ob sie des Schild am Eingang net lese könnte. ‚Bitte Ruhe auf der Straße. Wegen der Anwohner'. Er hätt waiß Gott genug Ärger mit der Nachbarschaft. Laufend Polizei am Hals. Nur der alte Jakoby hat sich nimme beschwere könne. Er war inzwische g'storbe, kurz nach der Beach-Party.

Sie stehe noch e Weile vor dem Suzuki rum, der jetzt wirklich wie ein Funcar aussieht. Oder wie so e Rumpelkärrele in der Geischterbahn uff'm Jahrmarkt. Bissl überlade. Der Bifi dreht sich e Zigarett. Es gäb Fanfare mit alle mögliche Tierstimme, sagt er. Des Trompete von Elefante, Löwegebrüll, alles. Er streicht über den Saurüssel. Aber kein Signalhorn mit'me Grunzton. Hätt er sich halt für einen Elch entschiede. Von einem schwedischen Anbieter im Internet. Original Brunftschrei. Er wollt nochmol ei'schalte, nur ganz kurz. Der Jojo, der sich normalerweis nur langsam und bedächtig bewegt, packt ihn blitzschnell am Handg'lenk. „Jo jo, s'isch gut. Mir habe's doch g'hört." Die Mädle, also die junge Fraue, nemme erleichtert ihre Händ von de Ohre. Später, gege Mitternacht, habe se sich zu sechst in den Suzuki gezwängt. Spritztour raus zum Baggersee stellweis mit Abkürzunge querfeldein über holprige Streuobstwiese, Rapsfelder, Kartoffeläcker. Off road halt. Mit Karacho und lautem Gejohle. Sie lasse den Elch brülle, die Wildsau blinke. Der Jojo klammert sich an den Überrollbügel. Er schwitzt an de Händ. Für ihn war kein Gurt mehr frei. Er stottert immer zu spät: „Jo jo – jo, jetzt langt's! Bleibbleib uff'm Weg!" Es hört ihn niemand. Zu laut alles. Der Elch, die Musik aus vier Boxe mit Subwoofer. Hardrock. Der Bifi bremst auf einer Landzung beinah im Wasser. Fünf weiße Ärschle renne durchs Schilf ins Tiefe. Des von der Sarah rund wie der Vollmond. Der Jojo badet net mit. Er sitzt im Sand, trinkt e Fläschle Tannezäpfle und stochert in're kalte Feuerstell. Um die Zeit macht er sich von auße nimme nass. Ihm graut vor der Rückfahrt. Wär er bloß in Charly's Lounge gebliebe!

Der Bifi wollt mich zu einer nächtlichen Probefahrt überrede. Im Wohngebiet könnt er mir das neue Teil net vorführe. Außerdem käm des nur beim Fahre so richtig rüber. Er wollt mit mir zum Wasserreservoir am Hausberg hochfahre. Dort erscht ei'schalte. Dann mit Elch-Brunftgebrüll und blinkende Keilerauge den mittlere Weg nemme. Der führt auf halber Höhe über der Stadt durch Terrassegärte. Ich hab entschiede abg'lehnt. „In so ein kindisches Fuhrwerk setz ich mich net. Sei mir net bös, aber ich möcht in dem Spielzeugautole net g'sehe were." Er hat abg'winkt.

Ich sei halt doch ein Spießer. Des hab ich ignoriert. „Für so Kinkerlitzle ha'sch Zeit", hab ich g'sagt, „aber bei Deiner Mutter die Mischbatterie repariere? Des wär ein Handgriff! Sie hat a'grufe. Die Hähne tropfe immer noch!"

Als einziger von de alte Lamm-Stammgäscht hab ich mich noch in der neu eröffnete Lounge blicke lasse. Immer spätnachts, wenn mir d'Zigarette ausg'ange sin. Ich rauch e seltene Marke ohne Filter. Die gibt's nur noch dort im Automat. Restbestände vom Lamm. Aber der Stapel mit gelbe Päckle wird immer niedriger.

Ich bleib nie lang. Zwische dene viele junge Leut komm ich mir als alter Sack wie ein runzliger Fremdkörper vor. Ich werd korrekt bedient, aber sonscht höflich übersehe. Die Bedienunge, Schülerinne von de gymnasiale Oberstuf, Studentinne auf 400-Euro-Basis. Schöne junge Mädle mit gläserne Brillante oder Silberkügele im Bauchnabel. Figürle wie Treibschnürle. Tätowierte Rösle in der Blinddarm-gegend, wo ich meine Operationsnarb hab. Oder farbige Fabelwese, drachenähnlich, die ihne vom Po her übers Tangabündle hochwachse. Des Schwanzende – unvorstell-bar. Es muss dort sei, wo bei mir der Ischias ausstrahlt. Ich guck immer schnell weg. Bevor mer in mei'm G'sicht even-tuell sehe könnt, was mir durch de Kopf geht. Ich bin kein verklemmter, alter Spanner, noch lang net! So sag ich mir. Ich bin selber noch ab und zu aktiv. Natürlich nimme so wie die drahtige Jünglinge in ihre Muskelshirts um mich her. Aber mir langt's. Ich bin zufriede. Gott sei Dank will ich nimme öfter als ich kann.

Wenn ich seh, was die Kerle in sich nei'stopfe, wird's mir übel. Dreißig Zentimeter Baguette aus der Mikrowell. Dick belegt mit Scheiblettekäs, Schinke und annerem Zeug. ,Charly's Hammer-Brot' steht in de Kart. Anscheinend ein beliebter Mitternachts-Snack. Sie drücke sich mit baide

Händ aus einer große Gummitub, die mich an Abtönungs-
farb für Raufasertapete im Baumarkt erinnert, zähflüssige
hellrosa Soß drüber. Oder sie schaufle sich am ‚Pasta-Tag'
ihren Berg Spaghetti Bolognese großzügig mit Parmesan zu.
Des kann doch net g'sund sei, denk ich. Solche Kaloriebom-
be uff d'Nacht. Des pure Fett. Um die Zeit esst mer, wenn's
sei muss, vielleicht noch e Süpple. Aber die Bursche vertrage des. Die nemme net zu. Kein Gramm Fett zuviel uff de
Rippe. Gut – jetzt noch. Abwarte! Urlaubsbilder falle mir ei.
Ich steh als Zwanzigjähriger mit meinem Nordmende
Kofferradio am Strand von Rimini. Ein braungebrannter
Adonis mit Waschbrettbauch. Unvorstellbar damals, dass
ich so ausseh wie heut. Aber gut, so isch s halt wore. Des
geht jedem so. Manche sogar Gott sei Dank noch schlimmer.

Mit der Zeit habe mich die Bedienunge gekannt. Ich war
immer wohlwollender geduldet. Ich war halt der nächtliche
Zigaretteholer, dieser ältere Mann, der net weiter stört. Der
hinner der Glaswand vom Raucherbereich seinen Ramazzotti mit Eis schlürft und manchmol aussieht, als hätt er vorher schon e bissl was gebechert. Ab und zu setzt sich der
Chef persönlich, der Charly, für e halbe Zigarett zu mir. Seit
der Beach-Party kennt er mich. Ich hab des garnet so gern.
Er stört mich bei meine Gedanke. Aber ich hab dann
wenigschtens net des G'fühl, ich sei unsichtbar in dem Lade.
Beim Gehe mach ich absichtlich langsam. Ich dreh mich
umständlich in mein Sakko, klopf im Stehe an de Tasche
rum. Bis mir so e Mädle von dem Hexepersonal ein flüchti-
ges Tschüs zunickt. Es hat net immer geklappt.

Mit der Melina hat sich in Charly's Lounge alles wunder-
sam für mich geändert. Ich war nimme der übersehene
Nachtschatte, der einsame Zigaretteholer. Sie war neu im
Personal. Sie lächelt mir zu, kaum erschein ich in der Tür.
Erleichtert irgendwie. Als wär sie enttäuscht g'wese, wenn

ich net komme wär. Sie balanciert ihr Gläsertablett nie an mir vorbei, ohne einen Lichtblick aus ihre große, himmelblaue Auge. Ich muss meine Zigarette nimme selber hole wie vorher. Schon in der dritte Nacht legt sie mir des Päckle nebe mein Ramazzotti. Drei, vier Zigarette griffbereit rausgeklopft, trotz Hochbetrieb. Sie muss sich beim Charly erkundigt habe, warum ich komm und welche Marke ich rauch. Sogar meinen Name hat se rausgekriegt. Einmal stellt sie ihr Tablett kurz ab. „Moment, Herr Siegele." Sie helft mir behutsam in de Kittel. Ich bin im erschte Augeblick verschrocke. Des wollt ich net. Später war mir klar, des war nur ein Vorwand, mir körperlich näher zu komme. Wie hätt sie des denn sonscht mache solle? Ganz schön raffiniert! Zudem hab ich mit der linke Schulter wirklich Probleme. Ich krieg den Arm nur schwer in de Kittelärmel. Des hat die g'merkt. So fühlt die mit. Dabei spielt sich zwische uns alles beinah wortlos ab. Aber Blicke sage viel. Ich war ziemlich jede Nacht Zigarettehole in der Lounge. Tagsüber hab ich mich immer narrisch g'freut, bis ich sie seh. Ich bin früher komme und länger gebliebe. Manchmal drei Ramazzotti lang. Ich bin nimme grad so in der Nacht verschwunde, ohne Abschied. Sie winkt mir immer zu, sogar beim geschäftige Bediene. Als wollt sie sage ‚Bis morge, Gerd! Du wir'sch doch hoffentlich komme? Ich freu mich!'.

Es ware wunderbare Woche im Spätsommer, als ich Hals über Kopf in die Melina verliebt war. Und ich war mir zunehmend sicher, es ging ihr umgekehrt genauso. Sowas spürt mer.

Es gibt figurmäßig schönere Bedienunge in der Lounge. Schöner im landläufige Sinn. Sie isch eher kompakt. Ihr Nabelpiercing sieht mer nur, wenn sie sich gege Feierobend beim Gähne streckt. Dann glitzert was in dem Grüble, bevor's zwische kernige Pölschterle widder verschlupft. Es könnt sei, hab ich mir überlegt, dass ich des irgendwann in aller Ruh betrachte kann. Wer waiß? Wenn des zwische uns so weitergeht. Aber vorerscht hab ich mich in ihr frisches, rotbackiges Sonneg'sicht verguckt. E bissl wie vom Land. Mit ihre widerborschtige braune Korkezieherlocke. Ein Typ zum Pferdestehle. Nur ihr Name hat für mich net zu ihr gepasst. Bei Melina hab ich mir immer was Zartes, Blasses vorg'stellt. Was Blutarmes. So e Püpple.

Ihre Signale ware eindeutig. Trotzdem hab ich lang net glaube könne, dass die Melina – hochdeutsch ausgedrückt – meine Zuneigung, meine Gefühle erwidert. Sie war vielleicht zwanzig. Oder knapp drüber. An den Altersunterschied hab ich garnet denke dürfe.

Bitte, hab ich mir g'sagt, sowas kommt vor. In Prominentenkreisen war des völlig normal. Du brauch'sch nur in d'Zeitung gucke. Oder in die farbige Klatschheftle. Wieviele quallige alte Säck mit Hängebacke, fette Bäuch und Halbglatze hopfe mit so blutjunge Dinger rum, die lässig ihre erschtgeborene Töchter sei könnte! Sogar seriöse, konservative Politiker lasse ihre altgediente Ehehälfte hocke, weil sie vom Lebe noch was habe wolle. Du ha'sch dich immer g'wundert, wie sowas funktioniert. Übers Geld, klar. Jetzt hat's halt dich erwischt. Sogar ohne Geld. Viel Zeit wär nimme g'wese. Es gibt weit schlimmere Schicksalsschläg für einen Mann in deinem Alter. Sei dankbar für die späte Gnade! So hab ich mich überzeugt, dass ich net träum.

Anscheinend war bei Männer des Äußere net so wichtig. Altersspure wie Tränesäck, Lach- und Kummerfalte, pergamentige Haut, geplatzte Äderle und Haarausfall, um nur beim Kopf zu bleibe, vermindere die Attraktivität nur wenig. Die könne sogar interessant aussehe. Nach bewältigter Lebenserfahrung. Es geht um die innere Ausstrahlung. Die muss für eine Frau stimme, ob jung oder alt.

Ich hab die Seitetürle vom Alibert-Spiegelschränkle

rausgeklappt. Neonlicht durch Mattglas. Ein brutales Licht. Schonungslos. Von drei Seite betracht ich mich unter absichtlich erschwerte Bedingunge. Jedes Pickele sieht mer. Käsige, großporige Haut. Schlimmer kann ich nirgends aussehe. Dort bleibt wirklich nur, was eventuell von inne ausstrahlt. Charakter, Wesensart.

Ich hab verschiedene Gesichtsausdrücke mit entsprechende Ausstrahlunge durchprobiert. Ich hab nachdenklich melancholisch geguckt. Oder verwegen draufgängerisch. Wie ein Freibeuter. Im Profil hab ich sogar eine gewisse Ähnlichkeit mit Burt Lancaster vermutet. Nur die Nas hat halt net gepasst. D'Nas isch schwierig beim G'sichtermache. Sie bewegt sich net mit, egal was außerum passiert. Wenn jemand beispielsweise die Nase ‚rümpft', merkt mer des an allem, nur net an seiner Nas. Männer mit knollige Himmelfahrtsnase sehe net abenteuerlich, sondern gutmütig aus. Des wird von Fraue nur ausg'nützt. Daher hab ich mir schon als Bub eine leichte Hakenas g'wünscht. Als hätt ich was geahnt. Ich hab zu einem verschmitzten Gesichtsausdruck g'wechselt. Den hab ich beinah stufenlos über spitzbübisch zu knitz g'steigert. Die Nas spielt mit. Des passt. Dann hab ich ein jungenhaftes Lachen versucht. Sowas kommt gut bei ältere Männer. Aber des war schwierig. Eine falsche Nuance im Mienenspiel, und es sieht sofort saublöd aus. Ohne genaue Kontrolle über den Spiegel war des zu riskant. Ich hab mich für des Melancholische mit Dackelblick als Grundausdruck entschiede. So etwa müsste ich gucke, wenn ich sie an unseren Altersunterschied erinner. Ihr tieftraurig sag, unsere Liebe hätte keine Zukunft. Aber soweit war's vorläufig noch net.

Ich war voll Energie in der Zeit mit der Melina. Wer rasiert sich gege Mitternacht schon de Bart aus zum Zigarettehole? Ich war überwiegend nachtaktiv. Als sporadisch beschäftigter Freiberufler, der oft tagelang nirgends fehlt, hab ich mir des erlaube könne. Des geht nur bei extrem gleitender Arbeitszeit.

In der Apothek hab ich mir eine ‚Intensivcreme für die Aufbaupflege' besorgt. ‚Klinisch geprüft. Mit Anti-Aging-Effekt'. Ein teures Zeug. Wenig drin in dem dickwandige Töpfle. Als Body Lotion ein unbezahlbarer Luxus. Aber nur um d'Auge rum war's sehr ergiebig.

Beim Herrenduft bin ich konservativ. Nur ‚Old Spice'. Des Rasierwasser benütz ich erfolgreich seit meiner Konfirmation. Es riecht nach männlicher Frische, desinfizierend, antibakteriell, gepflegt mit sportlicher Note. Ein Duft ohne Hintergedanke. Ich tätschel mir des Wässerle reichlich an die Backe, schütt was an de Hals. Sie mag diesen Geruch an mir. Sie schnuppert, verdreht genüsslich ihre Auge, wenn sie mir beim Bediene näher kommt.

Ohne die Melina hätt ich mich vermutlich niemehr mit'm Handspiegel von obe betrachtet. Um Gottes Wille! Nackte, rotglänzige Schädelhaut! Fünfmarkstückgroß hat des a'gfange. Vor der Euro-Umstellung. Noch net lang her. Jetzt bräucht ich ein Toupet in Bierdeckelgröße. Oder so eine jüdische Kippa. Schüttere Ausläufer stirnwärts. Furchtbar! Kein Material mehr, um die Lichtung zu überkämme. Ich könnt vielleicht alles bündle, was ich noch hab. Mit dene seitliche Haar könnt's zu'me halbwegs füllige Nackeschwänzle lange. Klunkergummi oder Lederrieme drum. Eine Notlösung, sicher. Aber des hätt was! Ein verwitterter, aber innerlich jung gebliebener Kraftmensch. Immer noch unbändig kreativ, dynamisch. Sowas müsst der Melina g'falle.

Ich war in meinem Stammfrisörsalon. Die Maria hat ihr Werkzeug ins Rollwägele g'schmisse, ihre Ärm in d'Hüfte g'stemmt. „Gerd, des isch jetzt net dein Errscht!" Ich hab mit der Schulter gezuckt. „Wieso net?" Sie hat mir die nasse Haar schnell ins Genick g'striegelt. Zu'me rasierpinsellange Büschel in ihrer Fauscht. An dem Ratteschwänzle hat sie mein Kopf halb zum Spiegel gedreht. „Guck selber! Will'sch du so rumlaufe?" Ich hab g'schielt. „Na ja, bissl gewöhnungsbedürftig." Sie hat g'sagt: „An alles muss mer sich net g'wöhne. Du sieh'sch aus wie ..." Sie hat überlegt. „Sag's schon!", hab ich sie ermutigt. „Schwul? Schwuchtelmäßig?" Sie hat den Haarstrunk strammer gezoge, hat g'lacht. „Also Gerd, sei mir net bös. Wie so e altes Marktweible mit zuviele männliche Hormone!" Unter dem blaue Perlonumhang hab ich d'Händ falle lasse. „Danke für die Typberatung! Komm, schneid!" – „Wie?" – „Herrgott, wie immer!" Ihr Scher hat losgeklappert.

Ich wollt bei der Melina net mit der Tür ins Haus falle. Ich wollt sie nur zum Esse ei'lade. Ganz unverfänglich, aus reiner Sympathie. Des Lokal im Elsass drübe hab ich schon im Kopf g'habt. Ein Geheimtipp. Des ‚Cachette' liegt mitte im Wald, ein ehemaliges Forsthaus, liebevoll renoviert. Schwarze Deckebalke, offener Kamin, Kerzelicht, antikes Mobiliar. Niveauvoll gemütlich. Net zu vornehm, zu steif. Eher distanziert herzlich, könnt mer sage. Gehobene französische Küche mit mediterranem Einschlag. Leicht. Viel Fisch. Des Esse bläht net, schon von de Portione her. Des war wichtig. Blähunge könne an so'me Obend alles verderbe. Ein stimmungsvolles Ambiente, ideal um sich näher zu komme. Eine Weinkart, einmalig. Gut, des wird der Melina net viel sage. Aber an Gutes g'wöhnt mer sich schnell. Der Patron und des Personal kenne mich. Ich war schon öfter in wechselnder, allerdings etwas älterer Damenbegleitung dort. Des war immer ein gelungener Auftakt. Vor allem trifft mer dort garantiert kaine Leut aus Großerpflinge, die sich s'Maul verreiße könnte. Mit so einer arg junge Frau wir'sch als Mann nimme beneidet, sondern mitleidig belächelt. Als triebgebeutelter alter Simpl. Als ob Esse mit einer knapp Volljährigen verwerflich wär.

Ich hab mir den Satz zurechtg'legt, den ich ihr eventuell

beim Bezahle sage wollt. ‚Übrigens, Melina, ich würd mich freue, wenn ich Sie vielleicht mol an'me freie Obend, wenn Sie nichts Besseres vorhabe, bitte, ganz locker und unverbindlich, klar, also grad so, irgendwo zum Esse einlade dürft'. So etwa. Aber jede Nacht hab ich mit trockenem Mund bei starkem Herzklopfe nur raus'kriegt: „Stimmt so, Melina!" Und ich war mir sicher, sie hat enttäuscht geguckt.

Dehaim hab ich überlegt. Ich könnt alles lasse, wie's isch. Ich leb im Moment doch net schlecht. So eine junge Frau bringt nur Unruh ins Lebe. Probleme im Freundeskreis, besonders im weibliche. Der reagiert auf sowas aggressiv wie e Herd Gäns. Des G'schwätz von de Leut nach unserem Outing, wie mer heut sagt. Die Melina und ich beim Spazieregeh in unserer Fußgängerzone. Als öffentlich verliebtes Paar. Hand in Hand. Womöglich Arm in Arm. Ich hör förmlich ihren Spott hinner mei'm Rücke: Guck mol, der Siegele Gerd hat scheint's e Schlägle kriegt. Braucht jetzt e Gehhilf. Oder: Was soll denn do noch groß geh? Die macht den arme Kerl doch fertig! So primitiv sin d'Leut. Komm, vergess die Melina! Es isch doch in deinem Alter schön genug zu wisse, dass mer noch könnt, wenn mer wollt! Dass mer des nur aus Vernunftgründen net macht. So hab ich gezweifelt. Dann hat's mich doch gepfupfert.

Aber ich glaub, ich hätt nie den Mut g'habt, was zu sage. Ich hätt den Satz immer widder verschobe. Wenn die Sach mit dem Mitbringsel net passiert wär. Eines Nachts legt sie mir im Vorbeigeh e Päckle nebe meinen Ramazzotti. „Für Sie!" Grünes Geschenkpapier, die Ränder mit Tesafilm verklebt. Ich pack verdutzt aus. Sie kassiert drei Tische weiter, guckt aber her, wie ich reagier. Ich hab so eine Hardcase-Schutzhüll für Zigarette in de Hand. Mit Klappdeckel. Der amtliche Warnhinweis originalgetreu kopiert. ‚Rauchen verursacht gelbe Gardinen'. Auf'm Rückweg zur Thek bleibt sie bei mir stehe. „Cooler Spruch, oder?" Hätt sie am Sonntag beim Flohmarkt entdeckt. Dabei hätt sie an mich denke müsse. „Vielen Dank, Melina. Des isch aber lieb von Ihne!", sag ich mit'me hirnlose Lache im G'sicht. Sie winkt ab. „Nur e paar Cent!"

Heimwärts hab ich kaum de Bode berührt. Ich schweb. Des war ein Wink mit'm samtumwickelte Zaunpfahl! Deutlicher hätt sie mir net sage könne, dass sie an mich denkt. Genau wie ich an sie. Net nur nachts beim Bediene in der Lounge. Die ganze Zeit über. Ich hab mich net getäuscht. Ein Wahnsinn, aber des war der Beweis! Jetzt könnt ich des arme Mädle nimme länger zapple lasse!

Am nächschte Obend hab ich mir d'Haar mit ‚Silver Shampoo' g'wasche. Empfehlung von meiner Frisös. Des wäscht den Gelbstich aus graue Haar, verstärkt den Silberglanz. Beim Trocknelasse hab ich mir im Fernsehe nach der ARD Tagesschau so'n kitschige Serienfilm von einer Landarztfamilie a'geguckt. Einen Tierfilm über Berggorillas, die Wiederholung von einer Talk-Show und fünf Minute von einer Koch-Sendung. Nur um die Zeit zu überbrücke. Wozu hat mer des Fernsehe? So gege elf hab ich mit dem Manschettegerät meinen Blutdruck kontrolliert. Reine Vorsichtsmaßnahme. 165 zu 88, Puls 97. Bissl hoch im Ruhezustand. Schließlich sitz ich nur uff'm Abortdeckel, hab den linke Arm in Herzhöhe am Waschbeckerand abg'stützt. Was passiert, wenn ich was mach? Ich schluck e halbes Amlodipin-Tablettle. Mit'me Blatt Klopapier hab ich die Nährcreme abgetupft, dass ich net glänz wie e Speckschwart. Dann bin ich entschlosse losmarschiert. Zu Charly's Lounge.

Schon beim erschte Schritt ins Lokal merk ich, dass mit der Melina was net stimmt. Sie strahlt mir net entgege. Sie guckt traurig zu mir her, noch trauriger weg. Mit rotverheulte Auge, blass. Beim Serviere guckt sie an mir vorbei. Ich frag in fürsorglichem Ton: „Was habe Sie, Melina? Was passiert?" Sie kämpft mit de Träne. Ach, ihr Opa Heinz sei im Krankehaus g'storbe. Heut morge. Herzinfarkt. Sie wollt sich zuerscht frei nemme. Aber des Bediene sei eine gute Ablenkung. „Herzliches Beileid", hab ich g'sagt. „Sie sind sehr an Ihrem Opa g'hängt, gell?" Träne kullere über ihre Backe, schwarz von Wimperntusche. Sie schluchzt: „Ja, ganz arg!" Sie sei halt ab ihrem zehnte Lebensjahr bei ihre Großeltern uffg'wachse. Ich wollt net froge, warum. Außerdem muss sie weiterbediene. Vier Latte Macchiato Sie hantiert an de Espresso-Maschin, wischt mit'me Servettle ihre Träne ab. Jetzt muss ich die Essenseinladung widder verschiebe. Pietätshalber. Obwohl, vielleicht bräuchte sie mich grad jetzt?

Plötzlich setzt sie sich zu mir. Sie guckt mir tief in d'Auge. Beinah zärtlich, der Blick. Ich spür ihr Hand auf meinem Arm. Eine Berührung wie e Schwachstromstößle. „Des wollt ich Ihne schon länger sage", sagt se. Ich denk noch, hoppla, jetzt kommt sie dir zuvor. Sie kann ihre Gefühle für dich nimme verberge. Dann schlagt sie mir bei jedem Wort uff de Arm. „Sie erinnere mich total an mein Opa Heinz! Schon als ich Sie zum erschte Mol g'sehe hab, bin ich verschrocke. Ich hab gedacht, mein Opa kommt durch d'Tür! Die Ähnlichkeit – verrückt! Des G'sicht, die Bewegunge, alles! Die selbe Zigarettemarke, sogar des Rasierwasser!" Sie riecht an mir. „Old Spice, oder?" Ich nick. Ich hab sowieso bloß noch nicke könne. Sie deutet zu meiner linke Schulter. „Tut weh, gell. Hab ich sofort g'seh. Genau wie beim Opa! Der hat immer so Bienesalb druffg'schmiert. Gege Rheuma. Der könnt noch lebe, wenn er rechtzeitig zum Arzt g'ange wär. Lasse Se mol danach gucke, Herr Siegele! Ich muss weitermache. – Noch'n Ramazzotti?" Ich hab g'nickt.

In der Nacht bin ich haimwärts g'schlurft. Als hätt mir jemand de Stecker rausgezoge Mit der Nas am Spiegel hab ich mich betrachtet, Aug in Aug. Ich bin ausfällig wore. „Du altes Arschloch!", hab ich mich mehrfach beschimpft. Des hat g'holfe. Ich hab überlegt, ob ich net zur Beerdigung von dem Opa Heinz gehe sollt. So als symbolischer Schlussakt von der Melina-G'schicht.

Ich hab widder mei altersgemäße Ruh g'habt. In Charly's Lounge war ich nur noch, wenn ich wirklich Zigarette gebraucht hab. Zu der Melina hab ich erstaunlich schnell ein väterliches Gefühl entwickelt. Des war doch auch was Schönes. Ich war halt der überlebende Doppelgänger von dem Opa Heinz. Ich hab sie weiterhin in altherrenhafter Vertrautheit mit der Mischung aus ,Sie' und ,Du' ang'sproche. ,Wie geht's Ihne, Melina?'. Mich hat sie immer noch eindeutig, aber lieb gesiezt. ,Was macht Ihre Schulter, Herr Siegele? Ware Sie beim Arzt?' Es hat mich nimme g'stört, wenn sie mir in de Kittel g'holfe hat.

Es war Anfang Herbscht, schon früher dunkel. Im Treppehaus hat auf meinem Stock des Licht net gebrennt. Gegenüber wohnt eine junge alleinstehende Frau. Schöner nachbarschaftlicher Kontakt. Aber bevor die des 60-Watt-Birnle auswechselt, habe sich ihre Auge an die Dunkelheit angepasst.

Ich steh auf der dritte Stuf von meiner Haushaltsleiter. Es schellt in meiner Wohnung, drei Mal. Schon kommt jemand die Treppe hoch. Des kann nur der Bifi sei. Er klingelt immer erscht, wenn er schon im Haus isch. Ich schraub grad die neue Birn in d'Fassung, die Taschelamp zwische de Zähn. „Hi, Vadder! Was treib'sch denn? Fall net runner!", sagt der Bifi im Dunkle. Ich nemm die MagLite aus'm Mund. „Des sieh'sch doch!" Des Gewinde greift net. Die Birn schräg drin. Also nochmol. „Du, ich wollt dir doch mol meinen Schatz vorstelle." Ich schraub. Jetzt packe die Rille. „Die aus Malaysia? Die Kuala Lumpura? Des wird Zeit. Ich wollt dich doch am Sonntag zum Italiener ei'lade. Do bring'sch se halt mit." Stille im dunkle Flur. Nur des Quietsche von der

Fassung. „Herrgott, hat anscheinend des Ewige G'wind!"
Noch'n Dreh mit Links – Licht! Brennt! Ich freu mich immer,
wenn ich was Elektrisches zum Funktioniere bring. „Des
isch die Melli", sagt der Bifi. Ich bin noch geblendet vom
kurze Gucke in die Birn. Aber ich seh durch gelbe Kringel,
er hat eine Frau im Arm. Ich kletter vorsichtig von der Lei-
ter, streck verdattert d'Hand in ihre Richtung. „Verzeihung,
ich hab Sie garnet g'sehe. – Siegele, angenehm." Sie lacht.
„Ach Gott, ja sowas! Sie sin des? Der Vater vom Sven?" –
„Melina! Sie und mein Sohn? Ich bin platt!'
   Sie ware eine gute Stund bei mir. Ich hab Paprikachips in
e Schüssel gekippt. Die ware nachher weg. Der Bifi hat sich
wenig am Gespräch beteiligt. Er hat ständig telefoniert und
mit dene Chips de Teppich verbrockelt. Zur ‚Feier des
Tages' hab ich e Flasch Crémant d'Alsace knalle lasse. „Sie
möge doch Crémant, Melina?" – „Was bitte?" – „Sekt." –
„Ja gern, Herr Siegele!" Ich hab ei'gschenkt. „So, jetzt
lasse mer mol des Herr Siegele. Ich bin der Gerd! Zum
Wohl!" Sie hat g'sagt: „Ich bin ab jetzt die Melli, aber ohne
des Sie!" Wir habe a'gstoße mit Augekontakt. Ich hab
g'sagt: „Also ich nenn dich mit Verlaub weiterhin Melina.
So'n wunderschöne Name für eine schöne Frau kürz ich net
ab!" Der Bifi setzt sei Bierflasch ab, verzieht s'Gsicht.
„Horch, Vadder, halt de Ball flach! Jetzt wir'sch e bissl ölig!"
Ich glaub, die Melina wär gern noch gebliebe. Aber der Bifi
hat pressiert. Die Melina hat im Mantel noch schnell die
leere Gläser in d'Küch getrage. Sie wollt wisse, ob ich sowas
wie Handbese und Kehrschaufel hätt. „Habe Sie ... ha'sch
du sowas, Gerd?" Ich hab g'rufe: „Ja, unter der Spüle! Wieso?" Sie hat sich net abhalte lasse, die Chipssplitter vom Bifi
z'ammezufege. „Lass doch, Melina, des tritt sich fescht!",
hab ich g'sagt. Aber imponiert hat mir des doch. Sie hätt von
mir aus die ganze Wohnung nass durchputze könne.
   Über ihrem Rücke hab ich dem Bifi anerkennend

zug'nickt und de Daume hochg'streckt. Er hat ärgerlich weggeguckt. Beim Abschied an der Tür hab ich die Melina halbwegs väterlich umarmt. Ich drück ihr zwai zarte Küss auf d'Backe, die sie mir schnell zudreht, quasi als Platz für familiäre Zärtlichkeit zur Verfügung stellt. Ihre Luftküssle schmatze an meine Ohre vorbei. „Also, Melina, jederzeit willkommen. Auch ohne meinen Sohn." Ich wart auf der Türschwell, bis unne die Haustür geht. Ich hör noch wie die Melina zum Bifi sagt: „Du, dein Vater isch echt goldig." Des Kompliment hat mir net g'falle. ‚Goldig' – des sagt mer bei klaine Kinner oder alte Leutle im Seniorestift. Herrgott, ich bin net goldig! Noch lang net! Aber vielleicht hat sie des net so g'maint. Sie wollt bestimmt ‚charmant' sage. Des Wort gibt's halt im Wortschatz von so junge Leut net.

Nachher hab ich die Ingrid a'grufe. Ich wollt ihr von dem Besuch erzähle. Aber sie hat die Melina schon gekannt. Am vorige Sonntag hätte sie die zwai zum Mittagesse ei'glade. Sauerbrate mit Weckknödel. Mein Lieblingsgericht bei ihr, wie ich sicher noch wüsst. Sie hat regelrecht geschwärmt von der Melina. Die hätt sich des Rezept notiert. Die hätt ihr von sich aus beim Abwasch g'holfe. Sei net grad hocke gebliebe, um sich bei'me Zigarettle bediene zu lasse. Wie die annere Mädle, die der Sven schon bei'gschleppt hätt. Übrigens hätt der Sven nach'm Esse ihre Hähne im Bad repariert. Ein Wort von der Melina hätte genügt. Wo sie schon wochenlang rummacht. Sogar den scheußliche Wild-saukopf am Auto hätt er ihr zuliebe abmontiert. „Also diese Melli g'fallt mir! Eine patente, sympathische junge Frau. Die hat eine ganz liebe Art. Aber die hat den Sven ganz gut im Griff. Hoffentlich verscherzt er sich des net widder." Ich wollt was sage. Von wege ‚im Griff habe'. Aber dann hätt unser Gespräch eventuell eine gefährliche Wendung g'nomme. Deshalb hab ich bloß g'sagt, ich hätt auch einen positiven Eindruck von dieser Melina. Dann Themawechsel. „Und? Wie geht's dir so?" Stille am annere End. „Was isch? Bi'sch noch dra?" Sie sprudelt los. Ihr Stimm kullert vor verhaltener Freud. „Mir geht's gut. Sogar sehr gut! Stell dir vor – ich wollt's aigentlich noch niemand sage – ich hab mich verliebt!" – „Hoppla! A mol widder?" – „Du, ich glaub, diesmol hat's mich wirklich erwischt. So war's noch nie." – „Aha! Kribbeln im Bauch statt Migräne? Vertrag'sch sowas in dem Alter noch?" – „Danke, Gerd! Hätt ich bloß nix g'sagt!" – „Ich freu mich doch für dich, Ingrid! Aber sei bitte vorsichtig! Wie lang kenn'sch den Mann?" – „Gut sechs Woche. Aber es kommt mir so vor, als würde wir uns schon Jahre kenne." – „Klingt aber langweilig." – „Wieso? Ach was! Wir verstehe uns nur ganz toll." – „Schön. Sag mol, wie ha'sch den kenneg'lernt? Lehrerkollege? Bei so einer Tagung von deiner GEW?" – „Falsch! Lach jetzt net. Im Internet." – „Was? Um Gottswille, Ingrid! Der kann dir doch alles mögliche vorgaukle!" – „Also Gerd, halt'sch du mich für blöd? Ich hab mich sofort mit ihm verabredet! Net virtuell, ganz real, versteh'sch?" – „Klar. Wunderbar! Heut macht mer des anscheinend so. Do wird net lang rumg'macht. Wie früher. Von wege um jemand werben. Den Hof machen. Alles zeitraubende romantische Fürz! Man verliebt sich zügig! Glückwunsch, Ingrid! Du bi'sch auf der Höhe der Zeit!" – „Schwätz doch net! – Du, wir ware in einem traumhaft schöne Lokal im Elsass. Ganz versteckt im Wald. Eine sagenhafte Weinkarte! Hätt dir g'falle. Hab noch an dich denke müsse. Wie hat des g'haiße? Mensch, es liegt mir uff de Zung. Irgendwas mit ... egal." – „La Cachette?" – „Ja, genau! Kenn'sch du des?" – „Vom Höresage." – „Was treib'sch denn grad nebeher?" – „Nix. Moment! Die Zigarett, wart! Herrgott! So jetzt." – „Was war denn?" – „Mir isch die brennende Zigarett in den Polschterschlitz vom Sessel g'rollt. Löchle im Bezug. – Du, Ingrid, so genau will

ich des garnet wisse, wo du dich mit dem Kerl rumtreib'sch."
– „Deine Wortwahl g'fallt mir jetzt überhaupt net! Ich treib
mich net mit'me Kerl rum. Ich geh mit einem Mann aus." –
„Schon gut. Entschuldigung! Wie haißt er denn, der Inter-
net-Vogel?" – „Sascha." – „Was? Sascha? Ach Gott, wie put-
zig! Ein erwachsener Mann, der Sascha haißt. Filmschau-
spieler? Oder Schlagersänger oder was?" – „Nein. Arzt! Mit
gutgehender Praxis übrigens. Homöopathie, chinesische
Medizin, Akupunktur, Qi Gong." – „Ja, und so weiter! Die
ganze modische Quacksalberei! Du kenn'sch dich aber gut
aus. Hat er dich schon behandelt, dein Doktor Eisenbart?
Gege deine Migräne? Die Fliegende Hitz?" – „Jetzt wir'sch
gemein, Gerd!" – „Ich bin nur froh, dass ich bei der AOK
bin. Die zahlt den Hokuspokus net." – „Jetzt langt's! Ich hab
des alles nur erzählt von wege Internet und anonym. Zu
deiner Beruhigung: Ich waiß, mit wem ich mich einlass! Wir
habe viele Abende nur geredet." – „Und Nächte? Weniger
g'schwätzt, gell?" – „Mein Gott, Gerd!" – „Schon klar, des
geht mich nix meh a. Int'ressiert mich a net. Wo lebt er, der
Glückspilz?" – „Was?" – „Wohnhaft wo?" – „Lass bitte den
Verhörton! In unserer Gegend. Langt des? Oder will'sch
jetzt die Adress wisse? Mit Praxisöffnungszeiten?" – „Sei net
so spitzig, Ingrid!" – „Der Sascha macht übrigens Raucher-
entwöhnung. Des wär was für dich." – „Soweit kommt's
noch! Dass ich zu einem Schamanen renn! Komm, zur
Sache: Er wohnt also in deiner Näh. Praktisch, wenn einem
plötzlicher nächtlicher Gesprächsbedarf überkommt." –
„Blödmann!" – „War nur Spaß. Bissl Ironie. Kenn'sch mich
doch." – „Allerdings. Wieso verzähl ich dir des alles?" –
„Weil wir als langjährige Lebensgefährten immer noch eine
Vertrauensbasis habe! Schön, wenn sowas bleibt. War doch
net alles schlecht, oder?" – „Ne, alles net." – „Also, unser
Gespräch zusammenfassend: Bei dir isch momentan alles in
Butter. Neue Liebe, neues Glück. Gönn ich dir von Herzen.

Ich drück dir die Daume. Aber pass auf dich auf – bi'sch noch am Telefon?" – „Ja. Alles in Butter? Na ja, einen Hake hat die Sach doch." – „Aha! Hab ich mir gedacht! Widder die alte Leier! Der späte Märchenprinz, leider verheiratet! Kreuzunglücklich natürlich." – „Des net. Er war. Isch schon lang von seiner Frau g'schiede. Zwai schulpflichtige Bube. Die komme alle vierzehn Tag zu ihm. Soweit wär alles geregelt." – „Aber?" – „Also ich waiß net, ob ich dir des sage soll." – „Schieß los! Wer gegackert hat, muss a lege!" – „Gut. Bevor du uns irgendwann z'amme sieh'sch und dann möglicherweis verschreck'sch." – „Mach's net so spannend! Hat er ein Handikap, eine Behinderung? E Buckele, en Klumpfuß? Isch er im G'sicht entstellt? Auto-Unfall, Verbrennunge? Wie der Niki Lauda? Der kommt sogar im Fernsehe. Es isch doch Gott sei Dank heut nimme so, dass ..." – „Gerd, bitte hör uff! Der Sascha sieht zum Glück ganz normal aus!" – „Warum soll ich dann verschrecke?" – „Verschrecke war vielleicht des falsche Wort. Dich wundere wär besser. Es isch halt so: Er isch e bissl arg viel jünger – was isch denn? Bi'sch noch dra?" – „Ingrid! Was haißt des genau, ,bissl arg viel'? Eine Zahl bitte! Wie alt isch der Mann?" – „Er wird vierzig." – „Was haißt ,wird'? Dann isch er neunedreißig!" – „Ja, noch." – „Jesses, Ingrid! Bi'sch du noch ganz gebacke? Jetzt brauch ich en doppelte Cognac. Bleib dra." – „Deine Reaktion hätt ich mir denke könne." – „Die entspricht nur dem gesunden Menschenverstand! Überleg doch mol, der Altersunterschied! In zehn Jahr bi'sch du ..." – „Bin ich drei Jahr jünger als du jetzt. Vergess net, zwische uns liege dreizehn Jahr" – „Zwölfehalb genau. Des kann mer aber net vergleiche! Du bi'sch e Frau!" – „Ach so? Des isch dann was anneres?" – „Rein rechnerisch net. In der Praxis leider ja! Stell dir vor wie des in zwanzig Jahr aussieht!" – „Des will ich garnet wisse. Im Moment geht's mir gut. Ich bin glücklich. Den Sascha stört der Altersunterschied net." –

„Jetzt vielleicht noch net. Abwarte! Liebe macht bekannt-
lich blind. Aber nur vorübergehend. Später sieht mer umso
besser!" – „Sag mol, will'sch mich mit aller G'walt runner-
ziehe?" – „Im gewisse Sinn, ja! Aber nur auf den Boden der
Tatsachen!" – „Hör zu, Gerd. Tatsache isch, dass ich diese
schöne Zeit vorübergehender Blindheit im Augeblick
genieß. Lass des grad so steh. Übrigens, so ein jüngerer
Mann hat für eine Frau gewisse Vorteile. "
    Den letschte Satz hätt sie net sage dürfe. Jedenfalls net
mit so'me provozierende Schmelz in der Stimm. Als hätt sie
e Ripple Schoklad im Mund verschlotzt. Der hat bei mir
g'wirkt wie eine Sprengladung. Ich hab mich später bei ihr
für des entschuldigt, was ich bei dem folgende Streit angeblich g'sagt habe soll. Den Vergleich mit der alte Scheuer hat
se mir besonders übel g'nomme. „Wenn eine alte Scheuer
mol brennt, dann brennt se richtig!", hätt ich g'schrie. Ich
kann mich nimme erinnere. Aber möglich wär's.

    Es war in der Vorweihnachtszeit. Nach drei oder vier
Glühwein mit Amaretto uff'm Weihnachtsmarkt hab ich
mir's dehaim g'mütlich g'macht. Ich war mit'me Salzstängele in de Hand vor'm Fernseher ei'gschlofe. Beim ,Tatort'. Es
schellt, ich schreck hoch. Die Kommissare im Film drücke
grad de Klingelknopf vor einer Wohnungstür. Gott sei Dank,
des kommt aus'm Fernseher, denk ich noch. Besuch könnt
ich jetzt net brauche. Szenenwechsel. Weißgekachelter
Raum in der Pathologie. Der Gerichtsmediziner schlagt ein
grünes Tuch zurück. Eine vom Maskebildner übel zug'rich-
tete Fraueleich wird sichtbar. Ich leg des Salzstängele weg.
Bei sowas esst mer net. Es g'hört sich net. Schon aus Pietäts-
gründen. So verroht bin ich noch net, dass ich bei dem
Anblick Salzstange kau. Der Weißkittel schwätzt über
Todeszeitpunkt, DNA-Analyse, Spermaspure von zwai
Männer. Er beugt sich über die Edelstahlplatt. Sein Kuli

102

fahrt an klaffende Schnittwunde entlang. Vermutlich nachträglich beigebracht. Würgemale am Hals. Ich guck ob sich in dem Leicheg'sicht wirklich nichts bewegt. Ein winziges Zucke um die Mundwinkel, ein Wimpernzittere, und der Krimi wird zum Horrorfilm. Die Leichendarstellurg g'hört bestimmt zur Schauspielerausbildung. Ein Spezialgebiet. Sich lebensecht totstelle. Müsse derzeit g'suchte Leut sei, die sowas könne. Der Mediziner erklärt weiter. Todesursache ein Schlag auf den Kopf. Von hinten mit einem stumpfen, schweren Gegenstand. Schädelfraktur, innere Blutungen. Die Finger im Gummihandschuh zupfe Haar beiseit. Hier. Der Kuli zittert um ein blutiges Loch in Großaufnahme. Herrgott, so genau müsst mer des doch net zaige! Alles wird heut gnadenlos ausgedappt! Kein Wunder, dass die Mensche abstumpfe. Eine Meldung kürzlich im Lokalblatt: Ein Lebensmüder schmeißt sich vor de Regionalzug. Junge Leut, Pendler, hopfe raus. Renne in Schare zur Lok vor. Um mit ihre Kamera-Handys den vermatschte Mann zu knipse. Sensationelle Bilder fürs Internet. Soweit isch's komme! Endlich wird die Filmleich mit dem Kärtle am große Zeh ins Kühlfach g'schobe. Mensch, in dene Krimis früher hat mer durchgängig mit Appetit Knabberzeug ... es schellt widder. Drei, vier Mol. Im Film reagiert niemand. Die Tatort-Kommissare esse am Kiosk seeleruhig Currywurscht. Jesses, es klingelt Sturm! Des isch bei mir! Ich muss uffmache. Des Flackerlicht vom Bildschirm sieht mer von de Straß. Hemd in d'Hos stopfe. De Gürtel zu. Über d'Haar fahre. Vor'm Flurspiegel übers G'sicht reibe. Helft wenig. Bis ich nach'm Schlofe nimme verschlofe ausseh, des dauert gut e Stund. Nach Glühwein mit Amaretto noch länger.

Die Melina sieht so aus, dass ich sie sofort in de Arm nemm. „Um Gottswille, Melli! Isch was passiert? Komm rei!" Sie lasst sich zur Wohnzimmercouch führe. Sie schluchzt. Ob ich vom Bifi was g'hört hätt? „Wieso? Ne. Isch was?"

Ach, sie hätte ganz furchtbar g'stritte. Am End hätt sie ihn aus ihrer Wohnung g'schmisse. Sie heult jetzt richtig los. „Ich hab so einen Hass g'habt!" Sie schüttelt de Kopf, dass ihre Locke vor d'Auge falle. Ich bring ihr drei Blätter Küchepapier. „Sowas kommt in jeder Beziehung mol vor, Melina. Der kommt schon widder. Der braucht halt e bissl Abstand." Ja, vielleicht. Aber ich hätt erlebe müsse, wie der losg'fahre sei! Wie ein Verrückter! Mit quietschende Raife. Sämtliche Graue Tonne mit Nassmüll hätt er umg'fahre. Sie heult ins Küchepapier. Jetzt könnt sie ihn nirgends erreiche. Er ging nimme ans Handy. Sie hätt beim Charly in der Lounge a'grufe. Nix. In der WG hätt sich nur der Jojo g'meldet. Sie parodiert ihn zornig. ‚Jojo, der wird schon irgendwo sei', hätt er g'sagt. Sie will von der Couch hochspringe. „Ich hätt ihn net so gehe lasse solle, in dem Zustand! Ich mach mir solche Sorge! Ich lieb ihn doch!", schreit sie mir verzweifelt entgege. Ich drück sie sanft in die Polschter zurück. „Kann ich dir was zu Trinke a'biete? Vielleicht e Kognäkle zur Beruhigung?" Sie schüttelt de Kopf. Dann sagt se: „Oder doch. Tee wär gut."

Wenn mich jemand ärgere will, verlangt er in meinem Haushalt Tee. Wenn ich des g'wüsst hätt, hätt ich garnet g'frogt. Ich entdeck im Arzneischränkle im Bad e vergilbte Schachtel mit drei vertrocknete Beutel Nieren- und Blasentee. Vor Jahren hab ich den mol gege Schmerze beim Wasserlasse gekauft. Seither nie mehr was g'habt. Doch gut, wenn mer net alles glei fortschmeißt. Sogar Kandiszucker hab ich im Haus. Winters mach ich ab und zu Glühwein. Geheimes Teezeremoniell in de Küch. Paar Minute ziehe lasse, bis des Wasser grünlich wird. Die drei Beutel verschwinde lasse, in de Dreckaimer schlenkere. Fertig. Die Melina verzieht beim erschte Schluck s'Gsicht, guckt mich groß an. „Bissl gewöhnungsbedürftig", sag ich. „Eine ostasiatische Kräuterteemischung auf Grüntee-Basis. Mekongdelta. Fair Trade", erklär ich ihr. Sie nippt nochmol. „Doch, hat was."

Ich lehn mich z'rück. „So, jetzt verzähl mol. In aller Ruhe. Der Reihe nach. Was war genau? Weshalb habt ihr euch gezofft?" Sie holt Luft. Also, des sei so g'wese ... Sie druckst e bissl rum. Dann: „Ich hab doch heut Geburtstag!" Ich spritz vom Sessel hoch, drück ihr über den Tisch weg zwai Küssle uff die Backe. „Oh, des hab i net g'wusst! Herzlichen Glückwunsch, Melli! Wie alt bi'sch denn wore?" – „Dreiezwanzig." Sie braucht widder Küchepapier. Ich stell ihr die Roll uff de Tisch. Also vom Bifi hätt sie sich g'wünscht, dass er den Abend nur mit ihr zusamme verbringt. Mal ohne Leut. Keine Party. Handy aus. Oder wenigschtens Vibrationsalarm. Kompromiss. Des hätt er ihr verspreche. Nur er und sie.

Beim Chines hätt sie Esse bestellt. Auf acht Uhr. Für sie vegetarisch, für ihn was mit Ente. Vorher Frühlingsrolle. Sie hätt schön den Tisch gedeckt. Kerzelicht. Leise Musik, Kuschelrock. Sie hätt sich für ihn extra schön g'macht. Ich nick: „Ja, des seh ich. Zieh doch den Mantel mol aus. – Donnerwetter!" Sie reißt e Blatt von der Küchepapier-Rolle. „Ich hab mich so auf den Abend g'freut!" Ich wink ab. „Ich kenn mein Sohn. Brauch'sch garnet weiterschwätze: Er kommt e Stund später mit'me Haufe Leut, die er unnerwegs ei'glade hat." Sie schüttelt ihren Lockekopf. „Des net!" Er sei schon zwai Stunde vorher mit'm Blumestrauß von de Tankstell bei ihr rumg'hockt. Gerbera, die Stängel so mit Draht verstärkt, dass se net abknicke. Net grad ihre Lieblingsblume. Aber egal, er hätt's gut g'maint. Wenn er sie nur net die ganze Zeit bekniet hätt, nach'm Esse noch zu einer Party zu fahre. Irgendwo in Karlsruh. In der Oststadt. Dort ging's gut ab. Der Buck, der Mitch, Gonzo und Pia, alle seie dort. Live-Musik. Der Tschambo mit ‚Final Sixpack'. Eine gigantische Wohnung, riesig. Müsst ich g'sehe habe. Die

Sarah hätt nämlich zufällig auch heut Geburtstag. Dort könnte sie doch später grad mitfeiere. Wär doch superpraktisch. So hätt er sie g'nervt. Bis der Chines mit dem Esse geklingelt hätt.

Ich klopf mir e Zigarett aus der Packung. „Wai'sch, was ich dem g'sagt hätt? – Von mir aus, fahr! Aber ohne mich! Des isch heut mein Geburtstag! Dort hat de Zimmermann s'Loch g'macht! Tschüss!" Sie nickt. Genau des hätt sie ihm g'sagt. Also so ungefähr. Ich lehn mich im Sessel zurück, lass den erschte Zug Rauch komplett durch d'Nas. „Oha! Dann isch er ausg'flippt. Ihr habt saumäßig Krach kriegt." Die Melina guckt verlege in ihr Tass. Es dauert, bis sie leise sagt: „Noch net. Beim Esse war der sogar richtig lieb. Des war dann erscht im Bett." „Was? Wieso im Bett? War aber eine kurze Geburtstagsfeier! Aber gut, nach'm Esse wird mer schläfrig. Was soll mer denn noch lang rumhocke, wenn mer müd isch?" Sie guckt irritiert zu mir rüber, stottert mit rotem Kopf: „Mü ... müd net. Mir sin halt ... also nach der Frühlingsroll ins Bett ... mit der Flasch Sekt, versteh'sch?" Ich schlag mir an d'Stirn. „Alles klar! Ich Simpl! Natürlich net zum Schlofe, jeder für sich! Klartext: Ihr habt zwischedurch e bissl was z'amme g'macht! Quasi in bequemerer Horizontallage weitergefeiert." Sie runzelt d'Stirn. „Hä? Was? Bitte nochmol!" – „Ihr habt euch vorzeitig, also schon nach dem Vorspeisle, spontan geliebt. Richtig?" – „Ja." – „Du mu'sch entschuldige, Melina, bin e bissl schwer von Begriff. Des isch halt bei mir schon e Weile her, dass ich wege sowas net fertig g'esse hab." Sie lächelt zum erschte Mol. Ja, des könnt sie sich denke. Gesprächspause. Ich schluck. So verständnisvoll hätt se net sei müsse.

„Aber beim ..." Ich such nach'me passende Wort. Es gibt bei diesem Thema halt doch altersbedingte Sprachbarrieren. „Also bei dem G'schäft kriegt doch niemand Krach!", sag ich schließlich. „Und nachher isch mer normalerweis zu müd zum Händle. Raucht friedlich sei Zigarettle. D'Welt isch vorläufig in Ordnung. Kann do was schief laufe?" Sie nickt heftig. „Ja! Kann! Des blöde Handy hat gebrummt! Vibrationsalarm. Hoppelt so über die Glasplatt zum Rand vom Tischle. Des hört und hört net uff!" – „Grad lasse! Mensch, in der Situation!" – „Des sag'sch du! Aber der Sven hat andauernd rüberg'schielt. Ich hab genau g'spürt, dass er irgendwie in seine Gedanke, naja ..." – „Nimme bei de Sach war!", kürz ich ab. „Und weiter! Was dann? Verzähl!"

Plötzlich steigt frischer Zorn in ihr hoch. Ihr Kopf kommt über de Tisch. Sie funkelt durch ihren Lockevorhang, schreit beinah: „Stell dir vor was der macht! Der packt mich, lupft mich weg! Hopft aus'm Bett, rennt zum Tisch rüber, fangt des Scheißding wie's grad über die Tischkant abkippe will. In de Luft!" – „Donnerwetter!", fahrt's mir raus. „Reaktionsschnell war der schon als Kind." Eine saublöde Bemerkung in dem Moment. Deshalb sag ich sofort: „Ja wie? War des so mittedrin?" – „Was? Wie – so mittedrin?" Ich muss mich präziser ausdrücke. „Horch, Melli, des isch für die Bewertung des Falles wichtig! War des noch so vorspielmäßig? Dann könnte ich des noch halbwegs versteh. Oder war des später? Womöglich gege Ende zu? Herrgott, auf dem Höhepunkt!" Sie kneift d'Auge zu, schüttelt ärgerlich de Kopf. „Hä? Ich kapier jetzt net, was des soll! Höhepunkt? Keine Ahnung. Des war halt in dem Moment g'laufe! Du, des war echt brutal für mich. Ganz schön heavy!" Ich wieg anteilnehmend de Kopf. „Des kann ich mir denke." Beim Trinke brummel ich in mein Cognacschwenker: „Nicht zu fasse. Wege sowas Koitus interruptus." Des hab ich nur zu mir selber sage wolle. Schon wege der Sprachbarriere. Es war laut gedacht. Die Melina sofort: „Hä? Was wege sowas?" Ich sag: „Nix! Ich main nur, des muss doch sei, wie wenn dich beim warme Dusche ein eiskalter Wasserstrahl von de falsche Seit verwischt! Von hinne! Am Buckel!" Sie rührt in ihrer leere

Teetass, dass de Löffel kleppert. „Ha ja! So ähnlich." Aber was er beim Telefoniere g'sagt hätt, sei für sie viel schlimmer g'wese. Sie heult widder, halb vor Wut. „Noch'n Tee?", frag ich höflichkeitshalber. Zum Glück lehnt sie ab. Sonscht hätt ich die Beutel unnerm Wasserhahn abspüle müsse. Ich bring ihr Apfelsaft, naturtrüb, ohne Zuckerzusatz. „Vom Reformhaus", sag ich. Vom ‚Demeter-Lade' wär e bissl übertriebe g'wese. Sie achtet sorgfältig auf gesunde Ernährung. Des hab ich inzwische mit'kriegt. Schon des wär ein Problem g'wese, wenn sich meine Zigaretteholer-Träum erfüllt hätte.

„So. Was hat er denn am Telefon losg'lasse, mein Herr Sohn?" Die Melina setzt sich in de Schneidersitz. So sei er splitternackt auf ihrem Flokati g'hockt. Sie schnappt sich die Fernbedienung von mei'm Fernseher als Handy, drückt se ans Ohr. Es folgt eine zornige Parodie mit verstellter Männerstimme. Tiefer Kopfbass: ‚Mitch? Hi! Wie so? – Was? Wo? – Gerwigstraße 42. Kenn ich. War mol dort. – Ja, schau'mer mal. – Du, Mitch. Es isch grad net so g'schickt. Ich ruf zurück. – Wann? Sage mer, so in etwa zehn Minute. Viertelstund'. Die Melina knallt die Fernbedienung uff de Tisch, schlagt ihre Händ vors G'sicht. Sie sei sich in dem Augeblick sowas von beschisse vor'komme! „Versteh ich. Benutzt, gell." Sie klappt ihre Händ weg, schreit: „Ha ja! Wie so e Gummipupp! Aufblasbar je nach Bedarf! Und der Kerl kommt ins Bett, glaubt tatsächlich, er könnt jetzt weitermache! Grad so. Hat jo noch e Viertelstund Zeit g'habt!" – „Also du ha'sch doch hoffentlich net ..." – „So schnell wie ich in de Klaider war, kann'sch garnet gucke!" – „Ja und dann?" Sie schluchzt. Kaum dass se noch schwätze kann. Ich geh um de Tisch rum, setz mich nebe sie. Es war Zeit für Körperkontakt. Ich nemm sie in de Arm. Schwiegerväterlich, versteht sich. Mein Daume straichelt ihr Schulterblatt. Des wirkt. Sie beruhigt sich. Sie hätte dann ganz schlimm g'stritte, erzählt sie weiter. Genau könnt sie sich nimme erin-

nere. Es sei alles viel zu schnell g'ange. Sie senkt de Kopf.
„Ich hab ihm ... sogar aine geknallt." – „Gut so! Jawoll!" Ich
rüttel aufmunternd an ihrer Schulter. „Hoffentlich so eine
richtige Maulschell! Die hätt er verdient! Net so ein ... also
net so ein aggressionsgehemmtes Fraue-Ohrfeigle mit de
Fingerspitzle." Sie überlegt. „Des war schon feschter."
Dann hätt er seinen Ring ins Zimmer g'schmisse Ich verschreck. „Was? Ring? Sag bloß, ihr habt euch klammheim-
lich verlobt? Macht mer sowas heut noch, so almodische
Fürz?" Sie hebt mir ihren linke Handrücke vor d'Auge. „Ne,
nur ein Freundschaftsring. Edelstahl. Sein Geburtstags-
g'schenk. Schön gell? Innedrin steht sein Name. Ach, ich
hab mich so drüber g'freut!" Jetzt geht die Heulerei widder
los. Sie steht auf. „Ich seh bestimmt furchtbar aus. Dürft ich
mich im Bad e bissl frisch mache?" – „Ja klar! – Das
Gäschtehandtuch hängt rechts über der Waschmaschin, des
dunkelbraune!", ruf ich ihr hinnerher. „Ich seh's, danke!",
hör ich sie durch die g'schlossene Tür. Des Handtuch war so
gut wie frisch. Es war jedenfalls trocke. Ich hab selte
Besuch, der sich so bei mir wäscht, dass er ein besonderes
Handtuch braucht. Ich glaub, der Monteur vom Constructa-
Kundendienst hat des zuletscht benutzt. Aber nur für
d'Händ. Gut drei Woche her. Hab ich überhaupt die Rechnung bezahlt?

Die Melina war lang im Bad. Nach kurzer Überlegung
hab ich die Handynummer vom Bifi gedrückt. Des war in
dem Moment ein verhängnisvoller Fehler. Gut, des weiß ich
heut. Er meldet sich sofort. „Hi Vadder, du? Was gibt's?" Es
klingt gehetzt. Ich hör noch, dass er kaut beim Schwätze.
Will grad froge, was er esst. Plötzlich dumpfes Gepolter. „Oh
Shit! Scheiße!", schreit er. Ein harter Schlag. Blech kracht,
Glas splittert. Brutaler Schrottlärm. Dann Stille. Verbindung
weg. „Sven! Bifi! Um Gottes Wille, was passiert? Sag doch
was! Bi'sch noch dra?" Keine Antwort. Aus.

Um halb acht morgens habe mer uns alle im Flur vom Diakonissen-Krankenhaus getroffe. An der Schwingtür zur Neurologie. Früher war Besuch ausdrücklich untersagt. Eine blasse, übernächtigte Versammlung. Die Ingrid mit ihrem Sascha, der sie g'fahre hat und sich rührend, um net zu sage lächerlich übertriebe um sie bemüht. Die Melina und ich. Wer die Eltern des Verunfallten seien, wollt der junge Arzt wisse. Ich hab mich nebe die Ingrid g'stellt. Der Sascha hat taktvoll seinen Arm von ihrer Schulter g'nomme. „Mir – wir!", hab ich g'sagt. Ich hab uns kurz vorg'stellt. „Des isch der Lebensgefährte meiner Frau, also Ex-Frau." Der Sascha hat sich leicht verbeugt. „Wollschläger. Dr. Wollschläger. Guten Morgen, Herr Kollege. Ich bin auch Arzt. Allgemeinmedi..." Ich hab auf die Melina gedeutet. „Und die junge Dame isch die Freundin unseres verunglückfallten Sohnes. – Bitte, Herr Dokter, wie geht's ihm denn?" Alle habe g'nickt. Wie im Chor: „Ja, wie geht's ihm?" Der Arzt überfliegt Diagnosebögé auf einer Schreibunterlage. Sein Kuli wandert über verschiedene Befunde. Er lest halblaut, murmelt medizinische Fachwörter, bei dene der Sascha auffällig nickt. Zwischedurch blickt der Arzt in die Runde, sagt: „Nö, nichts. – Negativ. – Unauffällig. – Keine inneren Blutungen. – Frakturen, keine." Er faltet seine Händ mit Schreibunterlage vor'm weiße Kuttebauch, lächelt. „Also so wie das aussieht, kann ich Sie beruhigen. Der junge Mann hat Glück gehabt. Ist nochmal glimpflich abgegangen. Keine schwerwiegenden Verletzungen. Prellung der Halswirbel, klar. Beschleunigungstrauma." Der Sascha zur Ingrid: „Schleudertrauma. Net schlimm. Wird fixiert." Der Arzt weiter: „Ein Hämatom im Schlüsselbein-Schulterbereich. Vom Gurt." Der Sascha flüschtert der Ingrid die Übersetzung zu: „Bluterguss. Völlig normal in solchen Fällen." Der Kerl geht mir uff de Sack! Ich hätt gern g'sagt: Jetzt halt dei Gosch! Mir wisse jetzt, dass'd Arzt bi'sch! Aber alle habe in dem Moment tief durchg'schnauft. Weibliche Träne der Erleichterung. Ich spür die Stirn von der Melina an meiner Schulter. Der Sascha drückt die Ingrid an sich. „Über die Weihnachtsfeiertage würden wir ihn gerne noch hierbehalten. Zur Beobachtung", sagt der Arzt. In seiner Brusttasch blinkt was rot. Sein Piepser piepst. Er guckt kurz, entschuldigt sich. Er müsste auf Station. Nach drei Schritt dreht er sich nochmol um, zwinkert uns ermutigend zu. „Ich denke, an Silvester können Sie mit Ihrem Filius, diesem Schiller-Killer, gemeinsam zuhause feiern. Finanziell wird ja wohl einiges auf Sie zu kommen. Na ja, Hauptsache er hat das gut überstanden. Materielle Schäden sind immer zu ersetzen." – „Dürfe mer zu ihm, Herr Dokter?" – „Ja, aber nur ganz kurz. Er schläft!" Eine kompakte Krankeschwester mit dem Namensschildle ‚Emma Sostaritsch' geht uns voraus. Slawische Gesichtszüge. Vermutlich deutschstämmig. Weißrussland, Balkan, Usbekistan? Bei der Zimmertür legt sie ihren dicke Zaigefinger über de Mund. „Pscht! Hat Spritze fir Beruhigung. Nix wecken. Nur bissle gucken. Finf Minuten. Besser kommen heite abend."

Alle stehe ums Bett. Der Bifi schloft tief mit halboffenem Mund. Ab und zu schnarcht er e bissl. Blass sieht er aus. Beinah so grau wie die korsettartige Hartschale-Vorrichtung vom Hals bis unner d'Ohre. Die Ingrid kann's net lasse. Sie nemmt sei Hand von de Bettdeck, straichelt sachte drüber. „Jesses, Bu, was mach'sch denn für Sache?" Ich schimpf übers Bett: „Herrgott, Ingrid! Lass'n doch schlofe!" Des war vieleicht eine Spur zu laut. Er schlagt d'Auge uff. De Kopf kann er net drehe. Er schielt zur Melina, lächelt. Die rutscht halb übers Bett. Sie haucht: „Ich bin bei dir, Schatz." Er zieht sie an sich. „Verzeih mir, Spatz. Ich war so blöd." Am Halsausschnitt vom Flügelhemdle wird der Bluterguss frei. Sie überküsst ganz zart den lila Strieme. Bis hoch zu seine Lippe. Dort bleibt sie länger. Sie komme ins Knutsche. Die

Melina kramt blind in ihrer Manteltasch. Sie steckt ihm den Ring mit ihrem Name drin über den hochgeklappte Mittelfinger. Eine zärtliche Versöhnung. Sie habe nur noch Auge für sich. Wie beim Happy End bei der Rosamunde Pilcher, denk ich noch. Oder die Schluss-Szene von so einer Krankehaus-Arztserie im Fernsehe. S'Lebe kann knallhart kitschig sei. Der Sascha hüschtelt. „Ich hab das Gefühl, wir stören", sagt er leis. Mir ziehe uns langsam z'rück. Verspreche, dass mer heut obend widder komme. Ihm e paar Sache fürs Krankehaus mitbringe. „Halt d'Ohre steif! Beim Mohrhaupt sag ich Beschaid, gell!", ruf ich. Er winkt mit de linke Hand, schielt uns hinnerher.

Im Flur warte mer auf die Melina. Die lasst sich Zeit. Bette mit intubierte Leut ohne Gebiss were vorbeig'schobe. Schläuchle, Infusionsbeutel, blutige Verbänd. „Des isch ein Elend in so'me Krankehaus. Hoffentlich kommt mer nie nei", sagt die Ingrid. Der Sascha guckt immer öfter uff d'Uhr. Um neun Uhr dreißig müsst er in seiner Praxis sei. „Du, Ihr könnt doch aigentlich geh", sag ich zur Ingrid, weil ich mit dem Internet-Kavalier net per Du bin. Sie verabschiede sich. „Moment noch", sag ich. „Hat der Arzt vorhin sowas wie ‚Schiller-Killer' g'sagt?" Der Sascha: „Doch. Hab ich auch so gehört." – „Was könnt er denn do g'maint habe? Schiller-Killer?" – „Keine Ahnung. Medizinisch jedenfalls nicht relevant. Leichte Gehirnerschütterung. Vielleicht hat er im Schockraum phantasiert?" Ich guck ihne hinnerher. Wie sie Hand in Hand zur Rezeption marschiere. Meine Ex-Frau und ihr Cyberspace-Lover. Er nur wenig größer als sie, wenn überhaupt. Rundlich, schwerhüftig, rötliche Haarflause, Stirnglatze. Ausgebeulte Cordhose, altbackener Trenchcoat, alternatives Schuhwerk, so zum Abrolle. Neunedreißig soll der sei? Kaum zu glaube. So jung war der noch nie. Ich bin angenehm enttäuscht. Einen Arzt namens Sascha hab ich mir annerscht vorg'stellt. Der sieht aus wie ein Bio-Bauer aus'm Sauerland, der Edwin haißt. Was die Ingrid bloß an dem Kerl findet? Des kann nix sei, was mer von auße sieht. Eine innere Ausstrahlung? Außer dass er gern esst, vorzugsweise französische Küche, strahlt der nix aus. Ein ‚frankophiler Käselutscher' hätt der Degenhardt g'sagt. Vermutlich passionierter Rotweintrinker. Aber do hätt sie bei mir bleibe könne.

Sie verschwinde Arm in Arm um eine Vitrine mit evangelischer Erbauungsliteratur. „Ein Fehlgriff", sag ich laut zu mir selber. „Arzt, des zieht bei Fraue halt immer. Aber mit dem Spießer esst meine Ingrid kai Pfund Salz!" In dem Moment fallt mir die Melina um de Hals. Sie gibt mir einen Schmatz uff de Backe. Sie sei jetzt so erleichtert. Richtig glücklich. Sie strahlt, hat widder Farb im G'sicht. Sie hakt sich bei mir ein. Zum Parkplatz hüpft sie federleicht nebe mir her. Ich kletter in ihren schwarze Fiat Panda. Eine verwegene Rumpelfahrt über mehrere Kreisverkehre nach Großerpflinge. Sie pressiert. Ein wichtiges Seminar an der PH, des sie grad noch schaffe könnt. Ich bin froh, als ich vor meiner Wohnung aus dem Blechkischtle krabbel. „Mach's gut, Melli. Bis bald!"

Ich bin hundsmüd, freu mich uff mei Bett. Im Hausflur bleib ich stehe. Ich überleg. Bei dem neue Kreisverkehr vor der mittelalterliche Stadtmauer hat vorhin was net g'stimmt. Dort war irgendwas verändert. Ein vages G'fühl beim Vorbeifahre, dass des mit dem Unfall vom Bifi z'ammehänge könnt. Ich geh kurz entschlosse nochmol zurück. Nur drei Minute Fußmarsch. Mit immer schnellere Schritt. Ein schrecklicher Verdacht treibt mich vorwärts. Schon von weitem seh ich des rot-weiße Absperrband um den niedrige Sockel von dem erscht kürzlich eingeweihte Schillerdenkmal. Zum Schillerjahr. Der Sockel – leer! Ich guck, ob mich jemand sieht. Geh quer über d'Straß. Sekuritglas-Bröckele knirsche unner meine Sohle, glitzere im Gras. Dann ein brutaler Anblick, bei dem ich sofort an Geld denke muss. Der schmächtige Bronze-Schiller liegt abgekippt im Pfütze-dreck. Noch in sitzender Dichterhaltung. Die Beine ver-schränkt, jetzt in de Luft. Die linke Hand über einem aufge-schlagenen Buch. Die rechte Stützhand, schon vorher unna-türlich verdreht, hat ohne Sockel ihre Funktion verlore, ragt rückwärts ins Leere. Des scharfgeschnittene G'sicht mit der übertriebene Schiller-Hakenas blickt aus der graue Pfütze-brüh rüber zur gleichnamige Grund- und Hauptschul. Rela-tiv unversehrt, denk ich noch. Gott sei Dank! Mit'me leichte Kran vom Stadtbauamt oder mit sechs Mann könnt mer den Schiller grad widder hochhieve. Dann seh ich den Riss um den Strumpfhosebund. In Höhe von der Suzuki-Stoßstang. Ein Haar-Riss isch des net. Ich bück mich. Ich kann tatsäch-lich in den hohle Rumpf gucke. Glatter Querschnitt. Der Dichter halbiert. Der Arzt hat Recht g'habt. Des wird teuer. Sogar wenn mer alle z'ammelege.

Ich geh am Schaukaschte von der Lokalzeitung vorbei. Dort hängt die jeweils tagesaktuelle Ausgabe aus. Leserser-vice. Dass mer sich des Blatt net jeden Morge kaufe muss. Oft überflieg ich die Seite beim verzögerte Vorbeigeh. Über-regionales, Weltpolitik sowieso. Bei dem Großerpflinger Teil bleib ich manchmol steh. Wenn mich was arg int'ressiert, kauf ich die Zeitung am Kiosk. Des kommt ab und zu vor. Besonders im Winter. Es isch e zugige Eck. Dann will mer sei Zeitung halt doch im Warme gemütlich durchblättere. Beim Sitze. Ganz für sich. Ohne dass sich wildfremde Leut gegeseitig d'Köpf wegdrücke, weil se gleichzeitig desselbe lese wolle. Zudem kann mer Zeitungspapier im Haushalt immer brauche. Zum Fenschterputze mit Spiritus. Für Kar-toffelschale. Zum in d'Schuh stopfe bei Regewetter. Oder Schneematsch. Wie jetzt. Für en Euro dreißig kann mer sich bei Zeitunge nie verkaufe. Samstags koschtet die Wochen-endausgabe ains fuffzich. Dafür hat mer mehr Papier.

Tatsächlich. Eine Notiz unne rechts. Des müsse die kurz vor Redaktionsschluss erfahre habe. Überschrift ‚Kostspieliger Unfall am Brauerturmkreisel'. Ich les in der Hocke. ‚... kam gegen 23 Uhr aus bislang ungeklärter Ursache von der Kreiselführung ab und prallte gegen das erst vor kurzem errichtete Schillerdenkmal des renommierten Bildhauers ... An dem Fahrzeug entstand Totalschaden. Der 23-jährige Fahrer des japanischen Geländewagens war angegurtet ... wurde offenbar nur leicht verletzt in eines der umliegenden Krankenhäuser eingeliefert. Bei dem Aufprall wurde die Skulptur erheblich beschädigt, vermutlich sogar völlig zerstört. Da es sich um einen Kunstgegenstand, ein Unikat handelt, ist die Schadenshöhe noch nicht abzusehen. Sie dürfte allerdings beträchtlich sein'. Jemand schnauft mir beinah ins G'nick. Er hat über mir mitg'lese. Kommentar: „So'n junger Rotzlöffel. Garantiert war do Alkohol im Spiel. Wenn die von ihrer Disco ..." Beim ruckartige Hochgeh schlagt mein Kopf gege sei Kinn. Er kann grad noch sei Brill fange. Statt mich zu entschuldige, ruf ich: „Hoppla!" Des g'schieht dem recht, dem Arschloch, denk ich beim Gehe.

Im Kiosk kauf ich die Zeitung, Zigarette und Feuerzeugbenzin. Die Kiosk-Frau, eine plüschige Dame in Schwarz, Goldlackgürtel, Tiger-Top, grinst beim Kassiere. „Aber heut geht's uns net gut, Herr Siegele." – „Wieso?' Sie guckt besorgt. „Na ja, wie soll ich sage? Sie sehe e bissl a'gegriffe aus." Mit'm Schalzipfel wisch ich mir über d'Stirn, mach en Schritt rückwärts. „Net dass ich Sie a'steck, Frau Schrimpf. Mich hat e böse Gripp erwischt." „Nicht auf die leichte Schulter nemme! Des isch net ohne. Grad bei ältere Leut ab sechzig." Ich nemm des Rausgeld vom Zahlteller. „Gute Besserung, Herr Siegele! – Ach so, dieser Unfall heut in de Zeitung! Des war net zufällig Ihr Sohn?" Ich bin schon so weit aus der Tür, dass ich des überhört habe könnt. Des waiß doch die schon lang.

Ich lass d'Läde runner, kann aber lang net schlofe. Wälz mich im Bett rum. Des schwindsüchtige, kaum lebensgroße Schillerfigürle im Ballett-Trikot hat mir net g'falle. Ein pennälerhaftes schwäbisches Dichterbüble beim Versle vortrage. Ein harmloser Pubertierender halt. Keine Spur von Sturm und Drang, von nachhaltiger Rebellion. Nur der Kopf sorgfältig rausg'schafft. Beinah als Karikatur. Zu alt für des Körperle. Dass jeder sieht: Aus dem Bürschle wird mol de Schiller! Obwohl, der Schiller war halt zeitlebens so'n kränklicher Sparrefandl. Herrgott, des Ding steht, oder stand, gut zwanzig Meter von der Straß weg! Außerum alles frei! Rasenfläche. Am Rand, verstreut, paar dünne, morsche, halblebige Baumkrüppel. Von Efeu überwachse. Die hätte den Crash genausogut abg'federt, nur billiger! Aber nein! Er nietet mir den Schiller um! Macht Kunscht kaputt! Vielleicht lasst sich die Figur nochmol flicke? Eine Schweißnaht um den Strumpfhosebund. Praktisch als Gürtel. Könnt sogar gut ausseh. Bei dem Gedanke bin ich endlich weggedämmert.

Am nächschte Tag hab ich de Sven im Krankehaus besucht. Um die Mittagszeit. Er hat an de Bettkant grad sein Nachtisch wegg'löffelt. Rosa Pudding im Plaschtiknapf. Spaziergang im Park. Mit der Halsmanschette hat er nur halbhoch gradaus gucke könne. Wie zum Horizont. Ich muss an die Kamele im Zoo denke, die beim Futterkaue gleichgültig über alles in ihrer Nähe wegblicke. Er greift seine Kitteltasche blind nach Zigarette ab. An sich runnergucke kann er net. Ich geh um ihn rum, geb ihm Feuer von vorne. Dass er sich net mit drei Schrittle uff de Stell zu mir drehe muss. „Jetzt verzähl mol. Wie isch des passiert?" Wir setze uns uff e feuchte Bank. „Ha ja, also keine Ahnung, des war so ...", fangt er a. Es war, wie ich mir des vorg'stellt hab. Noch schlimmer. In der Kurzfassung:

Rauswurf bei der Melli. Er kopflos. Hat saumäßig Kohldampf. Von dieser Frühlingsroll war er net satt. Zum Shell-Shop. Päckle Tankstelle-Salami. Paprika, extra scharf. Im Leerlauf vor der Waschstraß beißt er e Stück ab. Dann fahrt er los. Kann unnerwegs weiteresse. Wohin will er überhaupt? Zur Party von der Sarah. Ablenkung. Abhänge. Also, Oststadt. Im Kreisverkehr stupfelt er mit'm Finger von der Wurschthand die Zieladress ins GPS, ins Tom-Tom. Wo soll er rausfahre? Richtung Autobahn? Oder Bundesstraß? Tangente? Er vertippt sich, beißt stücklesweis von der Salami ab, löscht. Nochmol. Kaum Verkehr. Er fahrt vier-, fünfmol im Kringel rum, des winzige Display im Aug. Bis die Frauestimme sagt ‚Verlassen Sie den Kreisverkehr über die Karlsruher Straße'. Er überlegt. Soll er doch zurück zur Melina? Er kann sich net entschließe. Totales Chaos im Kopf. Qualm aus'm Aschebecher. Die halb g'rauchte Zigarett an der Tankstell vergesse. Der glimmende Stummel rollt unner de Beifahrersitz. Dann des Handy. Mein Anruf. Des waiß er noch. Ab dann geht alles schnell. Zu schnell zum Verzähle. Es kracht brutal. Des Lenkrad schlagt ihm aus de linke Hand. Er hebt ab, schleudert ins Grüne. Vor sich im Scheinwerfer sieht er noch jemand sitze. Er kurbelt wie verrückt am Lenkrad. Will ausweiche, bremse. Um Gottes Wille, bloß niemand überfahre! Des geht ihm in der Sekund durch de Kopf. Aber der Mann wird blitzschnell größer. Bleibt hocke. Dann ein Schlag. Aus. Filmriss.

„Des war der Schiller", sag ich. Er schielt zu mir rüber. „Des neue Denkmal, ja. Hab ich inzwische erfahre. Dumm g'laufe. Sorry. Es isch halt in dem Moment alles z'ammekomme. War voll im Stress." Er ruckt näher her. Durch de Mundwinkel raunt er mir zu, als könnt uns jemand belausche: „Dann hat mich noch des blöde Ding unne gezwickt. Aber sowas von brutal! Wai'sch wie des isch, wenn ...?" – „Moment! Langsam! Ich versteh net. Welches Ding?" – „Des

Kondom." Ich spring hoch von der Bank. „Wie bitte? Sag des nochmol! Sag bloß, du ha'sch noch … des gibt's net!" – „Ha ja, mein Gott! Bei dem Zoff mit der Melli vergesse. Die isch echt ausg'flippt. So hab ich die noch nie erlebt. Ich wollt nur noch in mei Hos und fort!" – „Ja, genau so leb'sch du! Hos zu und fort – dein Motto! Sonscht wär des Ganze garnet passiert!" Mit'm Rücke zu ihm hab ich mir e Zigarett a'gsteckt. „Ey, Vadder, was reg'sch dich denn jetzt uff? Entspann dich!", hör ich ihn sage. Und plötzlich hopft er wie ein Hampelmann vor mir rum. Er klappt d'Ärm weg, schlenkert d'Füß seitlich raus. „Mann, guck doch! Funktioniert alles prima! Ich könnt jetzt im Rollstuhl sitze! Und dann? Freu dich doch!" – „Ja, klar freu ich mich!" Ich hab ihn in de Arm g'nomme. Es hat getröpfelt. Halb Schnee, halb Rege. Auf dem Rückweg ins Klinikgebäude hab ich lache müsse. „Sag mol, wie habe die in der Notaufnahme reagiert? Natürlich sin die manches g'wöhnt. Aber dass ein Unfallopfer mit'me Pariser drüber …" – „Was? Pariser?" – „Ja. So hat mer halt früher volkstümlich g'sagt. Also, dass ein Patient mit so'me Kondom drüber eingeliefert wird? Schon komisch, oder?" – „Keine Ahnung. Ich war noch bewusstlos. Nachher war's halt weg."

An der Gynäkologie vorbei. Fraue in weiße Thrombosestrümpf. Kugelrunde Hochschwangere in himmelblaue oder rosa Badmäntel watschle im Flur rum. Blasse Männer, mehr oder weniger glückliche Erzeuger. Viele mit Blumesträuß. Manche mit leere Händ. Nervös wie bei'me amtliche Termin. Der Bifi geht noch mit zum Ausgang. „Jesses, hoffentlich geht die Kondom-Story net im ganze Krankehaus rum!", sag ich. „Sickert womöglich noch zur Presse durch. Die sin doch scharf auf solche pikanten Nebensächlichkeiten. Die Großerpflinger hätte ihr helle Freud!" – „Vadder, ey, jetzt spinn doch net rum!" Er bleibt steh, verdreht d'Auge. „Des Blättle isch net die Bildzeitung! Ich bin net

118

Boris Becker! Außerdem dürfe Ärzte nichts weitersage. Schweigegelübde! Schon mol g'hört?"

Ich zupf ihn am Ärmel. „Sowas gibt's im Kloschter. Bei Nonne oder Mönche, du Klugscheißer! Ärztliche Schweigepflicht, wollt'sch sage. Aber die gilt in solche Fäll net, wo's was zum Lache gibt! Des erzähle die Ärzt nach Dienstschluss ihre Fraue. Dann geht des unkontrolliert weiter, des G'schwätz! Versteh'sch? Beim Prosecco nach'm Shopping mit ihre Freundinne. Im Fitness-Studio. Beim Tennis. Oder beim Sundowner im Golfclub." Der Bifi winkt ärgerlich ab. „Des juckt doch mich net, des G'schwätz von de Leut!" Er guckt widder so kamelmäßig arrogant über alles drüber. Ich überhol ihn, stolper ihm rückwärts voraus. „Dich vielleicht net. Aber mich! ‚Des isch der verrückte Sohn vom Siegele Gerd. Der Apfel fallt net weit vom Stamm'. So haißt es dann nämlich!" Besuchszeit. Hochbetrieb im Foyer. Wir bleibe mittedrin stehe, weil ich ihm de Weg versperr. Seit seiner Bundeswehrzeit kriege mer nimme oft Streit. Aber wenn, dann laut und heftig. Es schaukelt sich hoch. Des Temperament hat er von seiner Mutter. Er funkelt zu mir runner. „Du bi'sch halt doch en Spießer, Vadder! So'n stinknormaler Provinzfuzzy! D'Leut, d'Leut! Wenn bloß nix nach auße dringt! Schriftsteller will'sch du sei? Heimatdichter vielleicht!" – „Jetzt halt aber dei Gosch, Kerle! Langt's denn net, dass du de Schiller über de Haufe fahr'sch? Muss die Frau Schrimpf in mei'm Kiosk jetzt a noch wisse, dass du ... also wie du unnerwegs war'sch? Ha ja, des isch jo so ai'fach zu erkläre!" – „Kann'sch net noch lauter schreie, Vadder?" – „Wer schreit denn von uns?"

Ringsum sin d'Leut stehe gebliebe. Besucher. Patiente an Krücke in Jogginganzüg, dankbar für e bissl Abwechslung. Kopfschüttle. In ihrem Glasgehäuse drückt die Pförtnerin en Knopf. Sie beugt sich vor zu dem durchlöcherte Sprechoval. Ihr Stimm, leicht lautsprecherverstärkt: „Bitte, meine Herrn, wir sind hier in einem Krankenhaus!" Ich schieb den Bifi vor mir ins Freie. Dort stehe mer unnerm Portalvordach. Raucherbereich. Aschebecher mit Sand drin. „Die Asoziale unner sich", hör ich noch e Frau sage, bevor die Tür zuruckelt. Es schneit in dicke Flocke.

Eine halbe Zigarettelänge schwätze mer nix. Gucke über de Parkplatz rüber zum Wald. Als hätt uns die automatische Glasschiebetür vom Thema abg'schnitte. Dann sag ich: „Was mach'sch am Hailige Obend?" Er: „Was schon? Eine heiße Zombie-Party im Aufenthaltsraum. Fernsehgucke." – „Kommt die Melli net?" – „Doch. Bis neun. Ab zehn bedient se beim Charly." – „Was? Macht der am Hailige Obend net zu?" Er dreht sich ganzkörperlich zu mir um. „Zu? Wieso? Ab zehn isch die Hölle los. Nach der Bescherung brummt der Lade!" Ich dreh meinen Zigarettestummel in de Sand. „Also gut, dann geh ich jetzt. Gute Besserung weiterhin. Über die Feiertage guck ich mol vorbei." – „Des brauch'sch net. Am 27. komm ich doch raus." Zum Abschied schlag ich ihm aufmunternd an de Arm. „Also, halt die Ohre steif. Kopf hoch!" Er zaigt auf die Halsmanschett. „Spaßvogel!" Von der Zufahrt ruf ich nochmol zurück: „Horch, dei Weihnachtsg'schenk krieg'sch diesjohr halt nachträglich!" Ich wollt abwarte, wie hoch meine freiwillige Beteiligung am kaputte Schiller ausfallt.

Vom Parkplatz her kommt mir die Ingrid entgege. Mit'me selbergebackene Christstolle in Silberpapier. Rechts tragt sie ein weißbesprühtes Tannebäumle im Topf mit rote Kugle. „Dass er's e bissl weihnachtlich hat", sagt se. „Wenigschtens er", sagt se heulig hinnerher. Sie sieht miserabel aus. Des G'sicht mit Make-up bröckelig übergipst. Viel zu viel von dem Zeug. Vermutlich der Sascha. Ihr Dr. Schaumschläger. Zu Weihnachte wird ihm ei'gfalle sei, dass er doch noch eine Familie hat. Jedenfalls einen Anhang, der beim Fest der Liebe Präsenzpflicht von ihm verlangt. Aber ich will des garnet wisse „Ich hab's eilig, Ingrid! Eine wichtige Verabredung. G'schäftlich! Bin sowieso schon zu spät!", sag ich. Am Ohr streck ich de klaine Finger un de Daume weg. „Mir telefoniere später!"

Ich bin net direkt in mei Wohnung g'ange. In meinem Anwohnerbereich hab ich des Auto abg'stellt. Auf der Veranstaltungsbühn vom Weihnachtsmarkt spiele ungefähr vierzig Grundschüler Blockflöt. ‚Tochter Zion' aus volle Backe. Die Freud von dene Kinner entschädigt für manchen falsche Ton. Trotzdem. Die Bühn steht halt arg nah vor meine Fenschter. Paar Meter Luftlinie. Es war Programmzeit. Später käm womöglich noch der Percussion-Workshop der Musikschule. Die trommle sich in Ekstase. Und mich regelmäßig aus'm Haus. Bevor ich im Wohnzimmer die Kontroll über mich verlier. Urwaldmäßig rumhopf, meine Unnerhose überm Kopf schwenk. Aus schierer Verzweiflung. Dem Laufpublikum unne g'fallt des Getrommel. Deshalb höre die Radaubrüder nimme uff. Die Leut klatsche. Klar, die gehe weiter, wenn's ihne langt. Des kann ich net. Herrgott, ich wohn dort!

Vor Programmschluss wollt ich net heim. Ich bin durch die stille Kernstadtgasse g'schlendert. Doch, alles sehr malerisch. Pittoresk. Stelleweis sogar lauschig. Ein Handy-Lade. Wenn sich der Schiller günschtig repariere lässt, hab ich überlegt, schenk ich dem Bifi eine Freisprechanlage fürs neue Auto.

Auf der Rathaus-Brück hab ich mich übers Geländer g'lehnt. Ich hab lang in die Erpf geguckt. In des brauwasserklare Schwarzwaldbächle, des hier wie ein Fluss aussieht, weil außerum nix groß isch. Der Blick in fließendes Gewässer hat was Beruhigendes. Ich hab g'hofft, dass mir jetzt niemand freudestrahlend auf die Schulter klopft. Wie so oft. Um mir zu sage, er hätt kürzlich was erlebt, aus dem ich unbedingt eine Geschichte mache müsst. Er könnte leider net selber schreibe. Und ich sei doch sicher immer auf der Suche nach neuen Ideen. Bloß des net! Ich hab mich weiter vorgebeugt. Unnerhalb der Brück stehe oft Forelle, die mit ihre Schwänz gege die Strömung rudere. Ich hab mich bis zum Gürtel über den Handlauf vom Geländer rausg'schaukelt.

„Herr Siegele! Halt! Net! Was gibt denn des?" Händ packe mich grob am Kittel, ziehe mich uff d'Füß. Der Wirt von de ‚Krone' in Kochskluft. Er hätt vor der Tür e Zigarett g'raucht. Mich beobachtet. „Isch's Ihne schlecht, Herr Siegele? Oder was? Menschenskind, Sie hätte doch beinah s'Übergwicht kriegt!" – „Ach was! Ich hab nur nach de Fisch gucke wolle! Des isch alles!" – „Dann isch gut. Wie wär's mit'me Gläsle Spätburgunder?" Er hat mich net groß überrede müsse. Mir war's nach Bewirtung zumut. Offiziell war des Lokal noch g'schlosse. Die Küche noch zu. Ich hab mich an de Stammtisch g'setzt. Resopal.

An der Thek hat ein tamilischer Küchenhelfer Besteck poliert. Die Wirtstocher hat Tische eingedeckt. Winzige Töpfle mit rote Weihnachtssternle. Echt immerhin. Sie hat Salz- und Pfefferstreuer überprüft. Mit're feine Nähnadel hat se die Spritzlöchle von de Maggi-Flasche durchg'stupft. Es sei ein Elend wie schnell die verstopfe.

Der Chef bringt mein Wein im Römerglas. „Geht auf's Haus", sagt er. Für sich hat er en Schuss Pils gezapft. „Zum Wohl, Herr Siegele. – Bissl melancholisch zum Jahresausklang? Oder geht Ihne grad ein Romanstoff durch de Kopf?" – „Des net. Nur G'schichte wie Kraut un Rübe."

Rummelplatz

Liebe oder net
was waiß denn ich?
ich waiß bloß
mir kriege uns halt
ums Verrecke net los

ohne sie
steht mei Karussell still
wie montags uff'm Rummelplatz
an'me graue Regetag
ich hock müd uff'm Schimmel
guck zu wie mir der Wind
die Zuckerwatt verweht

kaum steigt sie zu
geht des Fahrg'schäft los
d'Sonn kommt raus
des Karussell dreht sich schnell
so g'fallt's mer!
ich lach laut vor Freud
bis mir s'Lache vergeht
mir wird's schwindlig
des Karussell überdreht
mich haut's vom Holzgaul
kopfüber in de Pfützedreck
beim Jahrmarktsschelle-Gebimmel
sie springt katzeg'schmeidig ab
beim Stand mit de Lebkucheherze

flattert ihr Zigeunerröckle um d'Eck
sie winkt mir noch zu
ich hab widder mei Ruh
nur d'Sonn isch plötzlich weg

was hab ich mich mit der Frau
mit dem Weib schon rumgequält!
was soll ich mache?

wenn sie fortgeht
fehlt sie mir immer
wenn sie z'rückkommt
hat se mir immer
grad noch g'fehlt.

Schwätz nur

Schwätz du nur
beim Frühstück
also mich stört's net
wenn's dich net stört

ich bin halt morgens
lang introvertiert
les gern mei Zeitung
studier die Zusatzstoffe
uff der Leberwurschtbüchs

bevor ich wortkarg reagier
sag ich lieber nix

verzähl du nur
ich krieg alles mit
ich wirk nur von auße
e bissl verschlosse
des täuscht
ich speicher alles ab

frog mich ruhig was
beim Frühstück
gege Mittag
kommt d'Antwort
wie aus de Pischtol g'schosse.

De Hefezopf beim Leicheschmaus oder Noch im Parterre

Alle starre stumm ins Leere
zwische Schuh und Himmel
nur Vogelgezwitscher
dürres Glockegebimmel
wenn die Holzkischt langsam
vom Parterre ins Souterrain ruckelt
jetzt sich ablenke
an was anneres denke
der Seilzug quietscht
könnt en Tropfe Öl vertrage

Mundwinkel zucke
d'Nas rotzt sich zu
vom Träne wegschlucke
die Frau nebe mir hat kapituliert
heult ungeniert
wie lang halt ich's noch aus?
bloß net rübergucke
sonscht wird's schlimmer
vorsichtshalber Sacktuch raus

zum Schluss ein Bibelwort
vom Prediger Salomo
der Pfarrer behauptet
es sei kein Abschied für immer
des sagt sich so
wer's glaubt wird selig
wahrscheint's liegt er schief

126

es sieht halt arg endgültig aus
ein Meter achtig zugekippt
isch ziemlich tief
weiter kann niemand fort

endlich vorbei
jetzt aber raus
aus dem stille Gottesacker
zurück in den Berufsverkehr
der kann net laut genug sei
quer über d'Straß
mit beschwingtem Schritt
die Krawatte hänge schief am Hals
sie rauche, schwätze, lache laut
jetzt die schwarze Kittel aus!
Sommersonn an d'Haut!
jeder marschiert fröhlich mit
zum Leicheschmaus
zur Survival Party
im Wirtshaus-Nebezimmer
wie mer nach so're Beerdigung
des Lebe plötzlich doppelt spürt!
sogar Hefezopf schmeckt intensiv
Riesling – net zu beschreibe
der fließt über d'Zung
wie vom Liebe Gott spendiert

und jeder denkt bei sich – oh Herr
lass mich noch e Weile bleibe
hier obe im Parterre!

Tinnitus

Die Erziehung steckt drin
die krieg'sch nimme los
ich hör heut noch die Stimm
Lautfetze ware des bloß

a-a
bä-bä
du-du
babela

so fangt's a
kaum hat mer's kapiert
wird weiter dressiert

des g'hört sich net!
wie haißt des Zauberwort, wenn mer was will? – bitte!
wie sagt mer, wenn mer was kriegt? – danke!
sag schön guten Tag mit de schöne Hand!
sitz grad, zappel net so rum!
Elleboge vom Tisch!
mach en Diener!
spiel net mit dem Besteck!
schlof net ei beim Esse, Kaue net vergesse!
schling net so, es esst dir niemand weg!
bohr net in de Nas!
lass dei Zung drin!
schwätz net mit vollem Mund!
des wird leerg'esse!

unnersteh dich! Spuck's jo net raus!
Spinat isch g'sund!
freitags gibt's Fisch – Goldbarschfilet
des hat zu schmecke, fertig aus!
jetzt halt mol dei Gosch!
wenn sich Erwachsene unnerhalte
ha'sch du Paus!

ich bau heut noch gern
en Staudamm für d'Soß
mit de Gabel im Kartoffelbrei
aber dann hör ich die Stimm
beim Baubeginn
mit'm Esse spielt mer net!
des haut mir nei

die Stimm bleibt im Ohr
als ob ich Tinnitus hätt
es geht mir heut noch so
komm ich im Lokal vom Klo
wedel ich zum Trockne
noch e Weil mit de Händ
ob ich se g'wasche hab
oder net.

Futur Zwo

Grammatikarbeit? Wann? Was – morge? Und jetzt fang'sch a lerne? Stell wenigschtens den Radau ab! Des Rap-Gebrüll! So kann sich doch kein Mensch konzentriere! Musik kann mer des net nenne. Diesen monotone Sprechg'sang in ai Loch nei! Motto: Reim dich, oder ich fress dich. Sag bloß, du versteh'sch, was der schreit?

Was? – Im Rap drückt sich das Lebensgefühl der Schwarzen in den Slums von New York aus? Ich versteh immer nur ‚fuck'. Ein tolles Lebensgefühl, wirklich! Aber gut, von mir aus. Nur, was hat des bitte mit dir zu schaffe? Kann'sch mir des sage?

Erschtens. Du bi'sch weiß, arg sogar. Wie s'Kätzle am Bauch. Wundert mich net bei deiner Lebensweise. Wenn mer nur vor dem Computer hockt! Kein Sport. Keine Bewegung an frischer Luft.

Zweitens. Du wohn'sch net im New Yorker Slum, sondern im Albstädter Neubaugebiet! Im Finkenschlag 6. Begehrte Wohnlage. Nur Rechtsanwält, Steuerberater, Ärzt, Professore, Unternehmer, leitende Angestellte mit überdurchschnittlichem Einkommen. Gepflegte Grundstücke mit Video-Überwachung, Bewegungsmelder, Alarmanlagen. Guck dich um. In jedem Carport Mercedes, BMW, Porsche, hochglanzpoliert! Überall mitteleuropäischer Wohlstand! Der einzige Schwarze im Viertel isch der Dr. Sukambawe vom Amselweg. Aber der isch Zahnarzt. Mit Schwerpunkt Implantologie, wenn dir des was sagt. Also kein Ghetto-Neger. Nix Rap! Des Rumschreie hat der net nötig.

Bleib sitze! Ich bin noch net fertig! Die Straße hell beleuchtet. Sowas wie Stromausfall mit Plünderungen – undenkbar. Wenn heut irgendwo e Lämple flackert, isch des morge repariert. Ordnung! Alles wird regelmäßig gewartet. Und ringsum eine intakte Natur! Viel Grün. Wiese. Wälder. Schwarzwaldrand. Trotzdem in Stadtnähe. Ein schöner Slum! In dem Elendsviertel kann mer's aushalte, oder?

Was des jetzt soll? Kann ich dir sage. Gege was will'sch denn du protestieren, Leon? Rapmäßig? Vielleicht gege des Elend, dass es dir zu gut geht? Könnt ich verstehe. Wär ich sofort dabei!

Horch, Leon. Sei froh, dass du hier leb'sch. In einer Gesellschaft, wo es an nichts fehlt. Wo zuviel grad g'nug isch. Wenn ich nur die Kneipereklame les, die Formulierunge. Krabben ,satt'. Spargel ,satt'. Finger-food-Buffet ,all you can eat'. Als wüsst jemand, der voraus pauschal bezahlt, was er alles esse kann, bevor's ihm schlecht wird. Oder in deiner Schüler-Stammkneip. Chili con Carne ,bis zum Abwinken'. Wunderbar! Man braucht nur des rechtzeitige Abwinke net vergesse. Und wenn – naja. Dann wird halt s'Klo geputzt. Grins nur, Leon!

Aber ich sag dir, es geht net so weiter. Es gibt in Zukunft immer mehr Leut, die schon vorher abwinke! Beim Lese. Vor'm Esse. Warum? Weil die des Geld net habe. Grund? Schlechter Schulabschluss. Mangelnde berufliche Qualifikation. Frühabwinker, sozusage! Will'sch du zu dene g'höre? Dann mach grad so weiter!

Was? Wie bitte? – Des hab ich übernört. Ich spinn net rum! Ich bin locker! Bin sogar verdammt cool! Ich muss morge keine Arbeit schreibe. Du.

Jetzt noch g'schwind lerne welle! Herrgott, Leon, ich versteh dich net! Du wai'sch genau, wie's um dich steht. Deine Versetzung hängt am seidene Fade. Jede Note zählt jetzt. Menschenskind, es geht um deine Zukunft! Die steht dir sperrangelweit offe. Es liegt nur an dir, was draus zu mache. Net mit'm Schlaraffeland verwechsle. Die gebratenen Tauben fliegen dir nicht in den Mund. Oder die Döner-Weckle! Schon garnet in einer globalisierten Welt, wo die Konkurrenz auf dem Arbeitsmarkt ... Was verdreh'sch denn d'Auge? Finger net dauernd an dem blöde Handy rum! Bitte, leg des Ding jetzt weg! Was? – Eine SMS? Nur gucke, von wem? Horch, des hat dich jetzt garnet zu int'ressiere!

Und sei so gut, mach endlich die Krawallmusik aus! Ich will net die ganze Zeit schreie müsse. Ich bin unplugged! Nix leiser, leiser – ganz aus! So. Ach Gott, die Ruh plötzlich. Eine Wohltat. Hör'sch du des net? Stuhl her! Wohin mit dem Krempel? Grad uff de Bode? Ja, wenn's Platz hätt. Ich däd in dem Zimer verrückt were! Rutsch e Stückle. So jetzt. Also, worum geht's in der Arbeit? Lass mol gucke. Mei Brill.

Englisch. Aha. ‚Die Zeiten der Zukunft. Das Futur Zwei. Anwendung'. Und? Kapiert? I **will work**. Futur Eins, klar. Ich **werde arbeiten**. Es graut dir vor'm Schaffe. Jetzt Futur Zwo. I **will have worked**. Du stell'sch dir vor, es wär schon g'schafft. Ich **werde gearbeitet haben**. Also die Arbeit, sage mer Rasemähe, liegt gedanklich schon hinter dir. Des isch doch deine Lieblingsgrammatik! Des müsst dir doch grad so nei'laufe, des Futur Zwo!

Was heißt hier, so'n Scheiß? Braucht mer net?

Beispiel aus dem Alltag. Lass mich überlege. Folgendes: Du renn'sch spät am Obend noch fort. Party. Die Mülleimer g'höre raus. Wäre normalerweise dei G'schäft. Natürlich vergesse. Wichtigeres im Kopf. Vergnüge. So. Du sag'sch dir, des **mach** ich später – Präsens. Aber nur im Dialekt. Wir nemme des mit der Zukunft grammatisch net so genau. **Werde** ich später **machen**, müsst des korrekt haiße – Futur Eins. Englisch sowieso. Jetzt komm'sch du irgendwann haim. Du denk'sch an alles Mögliche, nur net an die Dreckeimer. Obwohl du über die rausg'stellte Mülltonne von der ganze Nachbarschaft stolper'sch. Im Bett fallt dir plötzlich ein: Mülleimer rausstelle vergesse! Statt nochmol uffzusteh, denk'sch du lieber im Futur Zwo – das **wird** schon wer **erledigt haben**. Im Klartext: Ach Gott, irgend so ein Depp **wird's** scho für mich g'macht habe. Ich bin aber net immer der Depp! Und dann stinkt der Nassmüll zehn Tag lang im Haus rum! Bitte, kürzlich passiert! Mensch, wir verlange doch wirklich net viel von dir. Die paar Pflichte im Haushalt kann mer doch ...

Was? Ich motz net mit dir rum, Leon! Ich will dir nur an praktischen Beispielen klarmache, wann man das Futur Zwo nimmt! Deutsch erschtmol. Englisch funktioniert des im Prinzip genauso. Lass des Grammatikbuch! Brauche mer jetzt net. Die Erklärunge sin viel zu kompliziert. Des verwirrt dich nur. Es isch im Grund ganz ai'fach.

Beim normalen Futur sieh'sch du ein künftiges Ereignis, wenn es losgeht. Frage: Was **wird werden**? Beim Futur Zwo isch des Stückle Zukunft zum Zeitpunkt des Sprechens in der Vorstellung des Sprechers schon rum. Er will wisse: Was **wird geworden sein**? Er schaut quasi rückblickend voraus. Oder umgekehrt. Er blickt vorausschauend zurück. Er sieht die Zukunft net von vorne, sondern von hinne, sozusage. Versteh'sch? Du nick'sch halt. Hauptsach, ich verschwind. Aber so geht's net!

Blatt Papier! Was zum Schreibe, Kuli! – Der schreibt net! Reklame von de Bausparkass. ‚Wir geben Ihrer Zukunft ein Zuhause'. Des soll mer glaube, wo schon des G'lump net geht. Passt zum Thema. Bleistift! – Herrgott, die Spitz abgebroche! Bleistiftspitzer! Müsst irgendwo sei? Nur wo, gell? Um Gottswille, lass den Krempel drin! Des Schulmäpple sagt alles. Wie de Herr, so sei G'scherr! Der Filzstift – schreibt. Ein Wunder! Lindgrün sogar. Bissl dick. Na ja, zur Not. Lineal her! – Was isch'n des? Soll des e Lineal sei? Des kann'sch als Brotsäg nemme! Schmeiß fort. Jetzt guck mol her. Hergucke!

Ich zieh eine Gerade – bissl krumm, egal – von links nach rechts. Hier, ein Pfeil. So kann mer sich den Verlauf der Zeit vorstelle. Im Uhrzeigersinn, nur net zifferblattrund, sondern linear gestreckt. Ich waiß, heut isch alles digital. Nur noch Zahle, die rumklappe. Nichts vorher, nichts nachher. Alles immer jetzt. Des Zeitgefühl geht verlore. Herrgott, heut lerne wolle für eine Arbeit, die morge früh ...

Schon gut, bleib hocke! Guck, hier in der Mitte, zack – Strichle! Des wär jetzt. Gegenwart. Präsens. Männle drüber. Des wär'sch du. – Lach net! Bei dem Handwerkszeug geht's net besser. Viel zu dick, der Stift. Des Männle gibt halt en Bolle. Egal jetzt, ich will mich net für die Kunschtakademie bewerbe. Es geht nur um eine schematische Darstellung.

Also, links von dem Strichle mit dem Bollemännle, alles Vergangenheit, vorbei. Des war Imperfekt. Rechts in Pfeilrichtung, die Zukunft. War noch net. Kommt noch. Oder hoffentlich net. Je nachdem. Futur. Soweit klar? – Gut. Jetzt pass uff!

Heut habe mer Sonntag. Ich schraffier jetzt einen Zentimeter in der Zukunft. Des wär Montag. – Was, na und? Abwarte! Ich guck nach einem anschaulichen Beispiel im Zimmer. Guck, die Muck dort! In dem Teller auf deinem Gitarreverstärker. – Herrgott, wie lang steht der schon rum? So eine Sauerei! Vergammelte Pommes im Mayonnaise-Geschmier. Ein Muckenparadies! Mensch, Leon, wie oft hab ich dir schon g'sagt, stell doch des gebrauchte G'schirr in d'Spülmaschin! Oder ess bei uns unne mit. Am gemeinsamen Tisch, wie sich des g'hört. Was schlepp'sch denn des Zeug immer in dei Bude hoch? – Halt! Bleib! Lass steh! Also jetzt brauch'sch den Teller net grad wegräume, wo ich ihn zum Erkläre brauch! Die Muck, wo isch jetzt die Muck? Ah, sieh'sch, dort krabbelt se mit ihre Salmonellefüß von der

Mayonnaise über dei Kopfkisse. Sehr hygienisch, gell? Aber gut, mei Bett isch's net. Zum Thema!

Des isch eine Stuben- oder Eintagsfliege. Des haißt, die hat wenig Zukunft. Überschaubar. Gut, um dir das Futur Zwo zu erkläre, Kringel um des Bollemännle. Des sieht die Muck. Aussage in der Gegenwart: Heut **lebt** sie noch wie Gott in Frankreich. – Wieso ,Gott in Frankreich'? Des sagt mer halt so. Eine Redewendung. Des bedeutet soviel wie ,cool', ,saugut', ,geil' von mir aus. Wenn so e Muck in Mayonnaise hockt, fühlt die sich, bildlich g'sproche, na ja – wie Gott in Frankreich. Versteh'sch? Darum geht's jetzt aber net. Sie **lebt** – Präsens. Fertig ab!

Jetzt guck, was ich mach. Pfeil zu dem schraffierte Abschnitt. Kommentar von dem Männle: Am Montag **wird** sie **tot sein.** Futur Eins. Jetzt uffpasse! Ich zieh den Pfeil über den Montag raus – verschiedene Farbe wäre besser zur Verdeutlichung – weiter in die Zukunft. Bis hier ungefähr. So. Knick, Schlenker rückwärts. Rückblick aus der Zukunft. Futur Zwo. Klar? Männle sagt: Spätestens am Dienstag **wird** sie **tot gewesen sein.** – Moment. Stopp, des geht net! Saublödes Beispiel! Vergess'es!

Warum? – Überleg doch! Weil die Muck dann widder lebendig sei müsst! Es kann doch niemand sage: Ich **werde tot gewesen sein!** Herrgott, des Futur Zwo funktioniert bei jedem Wort, nur bei ,tot sein' net! Und ausgerechnet des fallt mir ei! – Du guck'sch so ratlos, Leon. Kapier'sch des net? Des isch grammatisch korrekt, aber unlogisch! Tot sein isch der absolute Endzustand. Ende der Fahnenstange! Hier, guck! Dicker Schlussbalke nach dem Zukunftspfeil. Fragezeichen am Blattrand. Feierobend. Außer für solche Leut, die ans ewige Lebe glaube, die ohne Stang weiterklettere. Beispielsweise Pfarrer. Denkbarer Pfarrersatz: Wir **werden** eines Tages **auferstehen,** nachdem wir lange genug **tot gewesen sein werden.** Aber im Normalfall geht sowas net.

Des isch Spezialgrammatik. Übrigens, wo isch'n jetzt die Muck? Sieh'sch du die irgendwo? Kann sei, sie hat akkurat im Moment ihren Tag Zukunft hinner sich. Sie **wird gestorben sein**. Komisch, mit 'sterben' geht des Futur Zwo. Mit 'tot sein' net. – Lass mich überlege. Gibt's eine Regel? – Klar, pass uff! Sterben isch kein ewiger Zustand, sondern eine vorübergehende Handlung. Die letschte zwar. Net besonders aktiv. Nur widerwillig ausgeführt. Die handelnde Person wär am liebschte garnet dabei. Trotzdem, es isch am Schluss wenigschtens noch e bissl was g'macht. – Aber des führt jetzt zu weit, Leon. Solche Grenzfälle komme morge net vor. Englisch sowieso net.

Was scharr'sch denn mit de Füß? Bi'sch nervös? Kann ich versteh. Immer uff de letsche Drücker lerne! Ich sollt dich jetzt grad mit dem ganze Problem hänge lasse. Ha'sch du grad g'nickt? – Net? Hat nur so ausg'seh? Aha. Sag mol, kapier'sch überhaupt, um was es geht? – Scho irgendwie so u'gfähr? Des langt morge net!

Also pass uff! Beispielwort 'essen'. Guck her! Zwölf Uhr. Schreib ich fett drüber. Und hier. Zwölf Uhr fünf. Des wär Mittagesse. Du freu'sch dich, weil du Hunger ha'sch. Es gibt, sage mer, Fischstäble. Oder Spaghetti, egal. Pfeil genau auf zwölf. Du sag'sch wie? – Richtig! Ich **werde** um zwölf **essen**. I **will eat**. Futur Eins. Jetzt hat des Männle, du also, zwar Hunger. Es stellt sich aber vor, es wär satt. Es freut sich in dem Fall weniger auf das Essen, sondern darauf, dass es nachher keinen Hunger mehr hat. Gedankenpfeil auf zwölf Uhr fünf. Essenszeit rum. Und? Was sagt's jetzt? – Net ich **werde satt sein**! Klar, wär möglich. In dem Satz muss aber 'essen' vorkomme! Also ich **werde** ... ich **werde ge** ... na? – Genau! **Werde gegessen haben. Will have eaten.** Futur Zwo! Grosche endlich g'falle? – Was? Warum grad fünf Minute? Herrgott, Leon, zum bessere Verständnis! Weil du zum Esse net länger brauch'sch! Grad egal, was es gibt. Deine Mutter werkelt sonntags zwai Stunde in de Küch rum. Für Rindsroulade mit'me feine Sößle. Schabt Spätzle vom Brett. Macht extra en g'sunde Salat. Und was mach'sch du? S'Gsicht verziehe. Den Salatteller wegschiebe. Die Roulade verschnipfle. Linker Elleboge uff de Tisch. Dass de Kopf net runnerfallt. – Sieh'sch? So! – Löffel in die Fauscht. In fünf Minute isch alles wegg'schaufelt! Wortlos! Oder es landet für d'Mucke in dei'm Zimmer. Beim Computerspiele vergesse. Hier, der Teller! Sowas ärgert mich. Wie oft hab ich schon g'sagt: Inge, mach für den Kerle doch e Beutelsupp!

Jetzt guck net so kariert! Es isch doch so! – Wie bitte? Du kann'sch mit mir net lerne? Sag mol, heul'sch du jetzt glei? Mensch, Leon, es geht mir doch nur drum, dir das Futur Zwo zu erkläre. Dass du net in der Arbeit morge rumhock'sch wie ...

Noch ein Beispiel. Ganz neutral, aber für dich nachvollziehbar. Denke dir folgende Situation: Brillantfeuerwerk im Kurpark Waldbronn. Klar? Oder net? – Du, des isch doch jetzt wurscht! Des haißt halt ‚Brillant'-Feuerwerk, dass mehr Leut komme. Weil die glaube, des sei was Besonderes. Und den Ort hab ich mir extra überlegt, weil du als Kind oft mit uns dort war'sch. War immer ein Erlebnis für dich. – Des wai'sch nimme? Null Erinnerung? Ich frog mich wirklich, warum mer seine Kinner immer was biete will. Warum man glaubt, mer müsst am Wochenende ständig Programm für sie mache, wenn die sowieso alles widder vergesse! Ich wär doch freiwillig nie zu so'me depperte Brillantfeuerwerk in den Waldbronner Kurpark g'ange! Oder in de Zoo, in jeden poplige Wanderzirkus, sonntagmittags, in sämtliche Vergnügungsparks in der Gegend. Des Technikmuseum in Sinsheim hab ich nimme sehe könne! Kein Autohaus-Jubiläum mit Hüpfburg und Kletterwand ohne uns. Tag der offenen Tür bei der Feuerwehr mit Geräteschau und Löschübung. Ich war mit dir dort. Nix hängegebliebe? Kein bleibender Eindruck? Was soll des Grinse? – Unsere Radtour? Wie ich beim Grillanzünde als lebende Fackel in de Rhein ... mit einem Hechtsprung. Des war geil? Des denkt dir noch? Wenigschtens was! An dem Tag hab ich mir scheint's besondere Müh g'ebe. Aber wo des war, wai'sch nimme, gell? – Kurz vor Speyer! Wir wollte dort in dem Historischen Museum der Pfalz eine Ausstellung a'gucke. Über die ‚Piraten des Mittelalters'. Des hat dich int'ressiert. Mich weniger. Trotz allem ware mer noch drin. – Vergesse? Hauptsach, du wai'sch von dem Tag noch, dass dein Vadder gebrennt hat! – Was? Komm, jetzt lenk mich net vom Thema ab. Futur Zwo!

Also gut. Nix Brillantfeuerwerk Waldbronn. Sondern: Stinknormales Feuerwerk, irgendwo. Dicht gedrängt gucke alle zum Himmel. Voll Spannung, bis es losgeht. Endlich. Die erschte Raket zischt hoch. Verplatzt in alle Farbe mit Knall und Geknatter prächtig am Nachthimmel. Ein riesiger Strauß von bunte Leuchtkugle mit Sternerege-Gebritzel zwischedrin. Offene Münder. Die üblichen Ausrufe ‚aaah!' und ‚oooh!'. Manche kriege noch en Satz z'amme wie: Au, es **geht los**! Präsens. – Sag mol, Leon, bi'sch du noch bei de Sach? Du, ich verzähl hier keine launigen Anekdoten zu deiner Unterhaltung! Es geht um Grammatik! Genauer, den richtigen Gebrauch des Zweiten Futurs!

Kann'sch du dir die Szene soweit vorstelle? – Gut. So, jetzt passiert folgendes: Plötzlich, ohne warnendes Getröpfel vorher, wolkenbruchartiger Platzrege. Es schüttet sofort wie mit Kübel. Alle ziehe s'Gnick ei, stelle ihre Kräge hoch. Feuerzauber zu Ende. Der Nachthimmel rabeschwarz. Sie könne eh nimme g'scheit hochgucke, weil ihne die schwere Wassertropfe ins Aug schlage. Manche blinzle noch am Schirmrand vorbei.

Nix mehr. Es batscht nur nass von dort, wo des Feuerwerk gezündet were sollt. Nach e paar Schrecksekunde zer-

streut sich des Publikum fluchtartig geduckt in alle Rich-
tunge. Zum Auto, in die umliegende Wirtshäuser, schnell ins
Trockene. Sie habe zum Glück kain Ei'tritt bezahlt, sonscht
däde manche versaufe. Solche Leut gibt's net nur im Schwä-
bische. – Was? Feuerwerk isch immer gratis! – Warum? Weil
mer des zu weit umsonscht sehe kann. Zu hoch für'n Zaun.
Überleg doch. Du kann'sch doch net in jedem Vorgärtle, an
jedem erhöhte Waldrand kassiere. Geld her oder weggucke!
Übrigens, so weit ich waiß, veranstalte die Schwobe selte
ein Feuerwerk. Vielleicht deshalb. Des wär buchstäblich
Geld ‚verpulvert‘. Des nur nebebei. Lenk net immer vom
Thema ab!

Herrgott, jetzt waiß i nimme, was ich mit dem Beispiel
wollt! Sieh'sch? Ich hab's doch ganz bewusst g'wählt. – Ach
so, ja! Parkplatz. Sie hocke durchnässt in ihrem Auto, fahre
aber net sofort los. Sie beobachte noch e Weil de Himmel.
Net dass doch noch was kommt, und sie habe's womöglich
net g'seh. Jetzt Obacht! Warum ich des alles verzählt hab.
Futur Zwo. Er sagt zum Beispiel: Die Zündschnür **were** nass
wore sei. Schriftdeutsch: **werden** nass **geworden sein**. Englisch: **will have got wet.** Also des englische Wort für ‚Zünd-
schnur‘ hab ich jetzt net parat. Egal. Des kommt morge in
der Arbeit net. Wär ein saudummer Zufall. Außerdem ein
veraltetes Wort. Sprengsätz funktioniere heutzutage über
Fernzündung. Bei jedem Wetter. Nur in so alte Westernfilme
zündle die noch mit ihre Zigarre, die se kurz aus'm Mund
ziehe, an Dynamitstange rum. Aber dort regnet's halt nie. Im
Grenzgebiet zu Mexiko. Bei Sonora oder wo. Die ware noch
dabei, wenn's knallt. Habe beim Zugucke sogar ihre Zigärrle fertigg'raucht. Die habe was riskiert. Obwohl, wenn ich
an so Selbstmord-Attentäter heut denk. Die sin bei der
Explosion natürlich extrem vor Ort. Aber die riskiere nix.

Zappel doch net so rum, Leon! Was guck'sch denn dauernd uff dei Uhr? Typisch für euch Junge! Ihr könnt euch

nicht mehr über eine längere Zeit auf eine Sache konzentriere! Stichwort: Reizüberflutung! Also, zurück zu unserm Beispiel. Ich will nachher Tagesschau gucke. Kurzfassung: Wo ware mer denn? – Herr und Frau Sowieso gucke aus ihrem stehende Auto, sage mer Golf mit Glas-Schiebedach, zum Himmel. Dreißig Sekunde oder so. Des isch lang, wenn bei'me Feuerwerk nichts passiert. Sie begreife allmählich, dass mit der erschte Raket die Zukunft, sprich das schön gedachte Feuerwerk, schon vorbei war. Jetzt sagt sie zu ihm: Fahr los! Des **wird's g'wese sei** – **gewesen sein**. Futur Zwo! Kapiert? – Was? Ja, irgendwie, doch scho, net wirklich? Also im Klartext: Net begriffe!

Hör zu! Was wollt ich dir mit dem kurze, simple Feuerwerk-Beispiel klarmache? Folgendes: Zwischen ,es geht los' und ,des wird's g'wese sei' liegt im Lebe oft weniger Zeit als mer glaubt. Wenn mer des mittedrin merkt, nemmt mer des Futur Zwo. Quasi als Ausdruck der enttäuschten Zukunftserwartung. Ganz ai'fach, oder? Kratz dich doch net immer so verrückt an dei'm gelverklebte Borschtekopf rum! Wäsche! Die ganze Chemie rausschrubbe! Und rechtzeitig für Klassenarbeiten lerne! Dann juckt's nimme! Mensch, Leon, bi'sch du ein nervöser Zipfel!

Schon acht? Tagesschau im ARD. Klimagipfel. Den Bericht möcht ich net verpasse. Obwohl, mer könnt sich's spare. Übrigens, dort geht's um die globale Zukunft! Ohne das Zweite Futur geht dort nix! Nur zu deiner Bemerkung vorhin, von wege den Scheiß bräucht mer net. Topaktuelle Beispielsätze am Schluss. Lass mich überlege. Pass uff. Also:

Sie **werden** bei der Anreise schon **gewusst haben**, dass sie bei der Abreise nichts **beschlossen haben werden**. Sie **werden** hervorragend in Heiligendam **gespeist haben** und ein Gruppenbild **gemacht haben**. Sie **werden** morgen Abend ein weiteres Treffen **vereinbart haben**. Hoffentlich

140

wird es bis dahin nicht zu spät **geworden sein**. Das **wird** es mal wieder **gewesen sein**. Wie beim Brillantfeuerwerk im Kurpark von Waldbronn. Nur wesentlich mehr Geld **wird** es **gekostet haben**. Und so weiter. Versteh'sch? So sag ich praktisch das absehbare Ende einer zweitägigen Zukunft voraus. Mit dem Futur Zwo. – Wie bitte? Was des sei soll, Klimagipfel? Ja sag mol, Leon, wo leb'sch denn du?

Ich geb's uff. Ich geh runner. Den versiffte Teller nemm ich mit. Dass ich dir dei gebrauchtes G'schirr wegräum, **wird** s'letschte Mol **g'wese** sei! In Zukunft gibt's des nimme! Aber des isch bei dir, wie wenn mer einem Ochs ins Horn pfetzt. Good luck for tomorrow, gell! Falls noch was wär, ich bin unne.

Wo steht s'Klavier?

Heut in aller Herrgottsfrüh
aus'm Bett g'hopft
sofort uff d'Füß
mit einer jenseits Energie
kräftig in d'Händ g'spuckt
mit alle Muskle probegezuckt
fertig zum Bäum rausreiße!

beim kalte Dusche
lauthals Schlager g'sunge
im Radio SWR vier
genau die richtige Musik
ich wollt net groß denke
mir war so nach –
wo steht s'Klavier?

in de Badspiegel g'lacht
mit so'me Zupacker-G'sicht
ab jetzt wird nichts mehr verschobe!
ab heut wird alles sofort erledigt!
grad des was mer net so gern macht!
ich lass d'Fingerknöchel knacke
so, der Tag kann komme
ich wär soweit
bin sogar gut in de Zeit

Herrgott
ich war sowas von motiviert!
hab mich g'fühlt wie neu gebore
dann hab ich beim Frühstück
de Überblick verlore
vor neun Uhr morgens
g'hört net telefoniert
jetzt schlof i halt
noch e Stündle.

Fraktur-Übersetzung

Die Konversation
dieser Damen
im Casino
tangiert mich
nur peripher

wie bitte?

des G'schwätz
von dene Weiber
in de Kantin
geht mir
am Arsch vorbei!

ach so
sag's doch glei.

Besuch und Fisch

Besuch und Fisch
stinkt nach drei Tag
sagt der Volksmund
net von ungefähr

die Gerlachs sin gebliebe
bis ich nach fünf Tag
beinah selber g'ange wär
viel hat net g'fehlt

aber Herrgott
es isch doch net ei'zuseh
wege de Gäscht ins Hotel zu geh!
dehaim hab ich mei Bett
mei gewohnte Umgebung
meine Bücher zum Lese
jetzt bin ich so lang
gaschtfreundlich g'wese
es war bisher ganz nett
aber langsam däd's lange
noch'n Tag halt ich aus

nach einer Woch
sonntags nach'm Mittagesse
habe se nimme verlängert
sie habe sich de Mund abg'wischt
sie müsste morge widder schaffe
sie wäre gern noch gebliebe

aber müsste heut wirklich geh
ich hab mir g'sagt
des glaub ich erscht
wenn ich se nimme seh

sie habe sich am Auto bedankt
für die schöne Zeit
sie hätte sich so gut erholt
ich müsst bald mal zu ihne
nach Lüneburg komme
der Aufbruch käme jetzt
etwas abrupt
es tät ihnen Leid

beim Losfahre
habe se noch g'hupt
ich hab g'winkt wie verrückt
mit baide Händ
vor lauter Abschiedsfreud

ich bin in mei Wohnung g'rennt
Fenschter uff – Stoßlüftung!
mit'me extragute Fläschle Wein
in Schlabberhos und Baumwollsocke
hab ich mich in mein Sessel g'setzt
hab Musik g'hört
Fernseh geguckt
vor allem nimme g'schwätzt

der Volksmund hat schon Recht
mer sollt net länger
als drei Tag
bei de Leut rumhocke.

Handy-Schmatz punkt zehn

Ich bin halt beruflich
viel im Hotel

aber do gibt's nix
ich sag meiner Frau
immer noch schnell
an'me stille Platz
punkt zehn Gutnacht
mit'me Handy-Schmatz
dass se ruhig schlofe kann
sich kaine Sorge macht

des vergess ich nie
des steckt in mir drin

lieber Gott
ich muss jo zum Glück
net immer dort sei
wo ich sag
dass ich bin.

Auszeit

Guck net so schief
ich bin net verrückt
heut bleib ich im Bett
mich kriegt niemand raus
heut geht der Tag
ohne mich vorbei
wird ersatzlos g'striche
es wird net geduscht
Frühstück brauch ich net
heut bin ich depressiv
des muss a mol sei

geh net ans Telefon
des isch nur s'Gschäft
lass es schelle
oder sag von mir aus
was waiß denn ich?
ich hätt Salmonelle
mit Brechdurchfall
es käm obe un unne raus
ich könnt vor Schwäche
im Moment net schwätze

jetzt mach d'Läde zu
heut will ich mei Ruh
ich hab beim Vorwärtsrenne
mol rückwärts geguckt
es gibt nix zu g'winne

das Licht
am Ende des Tunnels
isch hinne.

Noch mehr **Harald Hurst**

im G. Braun Buchverlag

Des elend schöne Lebe
Geschichten und Gedichte
ISBN 978-3-7650-8349-5

Ich bin so frei
Gedichte und Prosa
ISBN 978-3-7650-8193-4

Fuffzich
Komödie
ISBN 973-3-7650-8276-4

Das Zwiebelherz
Liebesgeschichten
ISBN 978-3-7650-8222-1

So e Glück!
Geschichten und Gedichte
ISBN 978-3-7650-8161-3

Daß i net lach!
Geschichten und Gedichte
ISBN 978-3-7650-8124-8

Der mit de Wurscht
mit Gunzi Heil
60 Minuten Spielzeit
ISBN 979-3-7650-8372-3

**Musik & Literatur
live & pur**
mit Gunzi Heil u. Kuno Bärenbold
60 Minuten Spielzeit
ISBN 979-3-7650-8245-0

rum un num
mit Gunzi Heil
73 min Spielzeit, Bonus-Video
ISBN 979-3-7650-8323-5